チオベン

見たことのない味　チオベンのお弁当

山本千織

マガジンハウス

はじめに

札幌の「ごはんや　はるや」をはじめとして、料理店で20年以上キッチンに入っていた私が意識していたことは、「店は場である」ということです。そこに来てくれれば、できたてで温かく美味しいものを提供できる。

　そんな私が「chioben」という弁当屋さんを東京で始めて、それまでやってきたこととの一番の違いは、「場」を持たず、それぞれ持って行った場所が食べる場になるということでした。「できたてで温かい」ということがなくなる代わりに、「冷めても美味しい」ということが課題になりました。

　お弁当というかたちで何が提供できるのかと考えた時、新たに弁当のおかず本を見直したり常備菜の勉強をしたりすることはひとつもなく、ずっとやってきた自分のレシピを、弁当向けにやり直してみるということだけでした。

　弁当に自分を合わせるんじゃなく、自分の料理を弁当にして詰めていく。そうやってチオベンができました。

　時短を意識したり弁当男子がいたり、お弁当そのものの使われ方もさまざまになって、生活のいろいろな場で見かけるようになりました。チオベンのおかずは、すごく手が入っていたり、時間がかかっていたりするものも少なくないです。今回、作りやすくした部分もありますが、弁当を作ろうとした時、はたして使ってもらえるだろうかという不安もうっすらあります。ただ料理を作る楽しみや発見を与えられるレシピたちだと思います。レシピとしてはおもしろい経緯を経て世の中に出たおかずのかずかずですが、裏を返すとお弁当以外の場でも十分通用するしっかりおかずでもあります。

you can fry(not fly)!

目次

はじめに …… 2
目次 …… 4
インデックス …… 6
チオベンのおいしい12のルール …… 10
【お弁当01】トリコロ弁 …… 12
［おかず01］黒酢鶏 …… 14
［おかず02］ズッキーニのナムル …… 15
［おかず03］えびとまいたけのクリームコロッケ …… 16
［おかず04］春菊ペーストのセンレック麺 …… 17
［おかず05］小なすのグリーンカレー煮 …… 18
［おかず06］豆苗とちくわの春巻 …… 19
【お弁当02】ぶたぶり弁 …… 20
［おかず07］豚ヒレスパイシー揚げ …… 22
［おかず08］カリフラワーペースト …… 23
［おかず09］汁なしぶり大根 …… 24
［おかず10］ちぢみほうれん草のマスタード和え …… 25
［おかず11］ごぼうの黒七味和え …… 26
［おかず12］えびと里芋の春巻 …… 27
【チオベンの料理教室01】春巻（生徒：福田里香） …… 28
【お弁当03】香味覚醒弁当 …… 32
［おかず13］豚角煮 …… 34
［おかず14］インカのめざめマッシュ …… 35
［おかず15］キングサーモンのタイ風漬け焼き …… 36
［おかず16］きゅうりとオクラの和え物 …… 37
［おかず17］揚げにんじん …… 38
［おかず18］いかねぎ春巻 …… 39
【お弁当04】ギャップ弁 …… 40
［おかず19］牛団子煮 …… 42
［おかず20］春菊とりんご、チーズのサラダ …… 43
［おかず21］揚げ鱈の押し麦あん …… 44
［おかず22］かぼちゃのクミンかりんとう …… 45
［おかず23］かまぼこ、ねぎ、汲み上げ湯葉のセンレック麺 …… 46
［おかず24］ささみとエリンギの春巻 …… 47
【コラム01】チオベンの食材選び …… 48
【お弁当05】三杯鶏《サンベイジー》とブルーないか弁 …… 50
［おかず25］三杯鶏《サンベイジー》 …… 52
［おかず26］ゴーヤの金山寺味噌炒め …… 53
［おかず27］いかブルー …… 54
［おかず28］たこ焼きマッシュ …… 55
［おかず29］カラフルトマトのサラダ …… 56
［おかず30］豚と長芋とえごまの春巻 …… 57
【お弁当06】あげあげあげ弁 …… 58
［おかず31］鶏唐ねぎ酢醤油 …… 60
［おかず32］切り昆布とえのきのナムル …… 61
［おかず33］いわしのはさみフライ …… 62
［おかず34］つぼみ菜のおひたし …… 63
［おかず35］カラフルにんじんのラペ …… 64
［おかず36］アボカドれんこんバジル春巻 …… 65

【コラム02】チオベンの調味料……66
【お弁当07】おにサンド……68
［おかず37］ゆりねとカリフラワーのホワイトサンド……70
［おかず38］あじサンド……71
［おかず39］パルミジャーノとマーマレードのホットサンド……72
［おかず40］たまごやきおに……73
［おかず41］干し納豆のおにぎり……74
［おかず42］うまうまにぎり……75
【お弁当08】ぎゅうとん……76
［おかず43］牛たたき……78
［おかず44］青菜ナムル……79
［おかず45］チオベン風ラープ（肉サラダ）……80
［おかず46］バイリングのオーブン焼き……81
［おかず47］ふきのとうの素揚げ……82
［おかず48］冬瓜のビーツ煮……83
【チオベンの料理教室02】たこめし（生徒・轟木節子）……84
【お弁当09】ベジ弁……88
［おかず49］揚げ野菜……90
［おかず50］板麩の甘辛揚げ煮……91
［おかず51］黒米ドレッシングのサラダ……92
［おかず52］たけのこ煮……93
［おかず53］ピンクグレープフルーツのココナッツマリネ……94
［おかず54］うどのふきのとうブルーチーズ味噌春巻……95
【コラム03】チオベンのスタイリング……96
【お弁当10】門外不出のもてなし弁当……98
［おかず55］わたりがにとトマトの炒め煮……100
［おかず56］ゆりねのおこわ……101
［おかず57］あじ刺しの鮎と春菊の苦味ペースト和え……102
［おかず58］焼きなすとオクラの和え物……103
［おかず59］ライムゼリー……104
［おかず60］生々春巻……105
【お弁当11】素材と色彩の包まれ弁当……106
［おかず61］えびの空豆包み……108
［おかず62］ムール貝包み……109
［おかず63］おにぎりの野沢菜包み……110
［おかず64］赤パプリカのキャベツ包み……111
［おかず65］黒米おこわのみょうが包み……112
［おかず66］豚のたけのこ包み……113
【コラム04】節句のお弁当……114
【お弁当12】おかず直列！ゴージャスチオ重……116
［おかず67］牛すね肉の杏露酒煮……118
［おかず68］菜の花の辛子和え……119
［おかず69］えびピンクペッパー炒め……120
［おかず70］白身魚の揚げ煮……121
［おかず71］いちじくケーキ……122
［おかず72］大根もち春巻……123
あとがき……126

インデックス

本書で紹介する72のおかずを素材や調理法でひけるインデックスです。

冷蔵庫に残った材料を眺めてさてどうしようという時や、おかず同士の組み合わせを考える時にご利用ください。

ぷりっ……19, 46, 54, 71, 81, 91, 105, 108, 120
ぷるぷる……91, 104
ふんわり……60, 73, 111
ほっくり……24, 62, 70, 90, 101
ホロホロ……42, 80
もちもち……92, 101, 109, 123

【素材】

赤からし菜……92
赤パプリカ……111
あじ……71, 102
アボカド……65
甘えび……105
鮎……102
いか……39, 54
板麩……91
いちじく……122
いわし……62
インカのめざめ……35, 55
うど……95
えのき……61, 75
えび……16, 27, 108, 120
エリンギ……47
オクラ……37, 103
かぼちゃ……45
かまぼこ……46
カリフラワー……23
キャベツ……111
牛肉……42, 78, 118
きゅうり……37
切り昆布……61
黒米……92, 112
ゴーヤ……53
ごぼう……26
サーモン……36
里芋……27
サニーレタス……92
春菊……17, 43, 92
白飯……73, 74, 75, 109, 110
ズッキーニ……15
センレック麺……17, 46
空豆……95, 108
鯛……121
大根……24, 123
たけのこ……93, 113
卵……73
鱈……44
ちくわ……19
ちぢみほうれん草……25, 79
つぼみ菜……63
冬瓜……83
豆苗……19
トマト……100
鶏肉……14, 47, 52, 60
とんぶり……92
長芋……57
なす……18, 103
菜の花……119
にんじん……38, 64, 90
ねぎ……39, 46, 60,
野沢菜漬け……110
バイリング……81
バジル……65
ハリハリ漬け……75
パルミジャーノチーズ……72
ピンクグレープフルーツ……94
ふきのとう……82
豚肉……22, 34, 57, 80, 113
ぶり……24
ブルーチーズ……54
プレヴェール……90
ほうれん草……44, 92
干し納豆……74
帆立貝柱……111
マーマレード……72
まいたけ……16, 70
ミニトマト……56
みょうが……112
ムール貝……109
芽キャベツ……90
もち……123
もち米……101
モッツァレラチーズ……43
湯葉……46, 105
ゆりね……70, 101
ライム……104
りんご……43
れんこん……65, 70
わたりがに……100

【この本の決まりごと】

分量について
小さじ1＝5ml
大さじ1＝15ml
1カップ＝200ml
を目安にしています。いずれもすりきりです。

チオベンのおいしい12のルール

その1
【津軽海峡冬レシピ】
チオベンの料理は北海道、札幌の料理屋で生まれました。
はるばる海峡を渡ってきたおかずのかずかずです！

その2
【最後のひとふり】
食べるまでの時間も弁当の美味しさを決める大切な要素。
その時間を計算しながら、最後にもうひとふり、
スパイスや調味料を加えてみては。

その3
【詰めて詰める】
溢れるうま味をおかずにぎゅっと煮詰めて、
弁当にはふんわり詰める。
思い詰める前にまず詰めてみて。

その4
【乳化または素材の粘りでつないでく】
あんにしなくても不安じゃない。
素材から出る水分と油で美味しさをつなぐ。
弁当が粘っててもいいじゃない。

その5
【最終的にごはんに合うように着地させたらいい】
ごはんがたくさん食べられてこそチオベン。
決めの調味料、ここぞの一滴もごはんと食べると思えばこそ。
一口食べたら胃が開く。

その6
【ヘルシーよりオイリー】
チオベンの定番といえば春巻やコロッケなどの揚げ物。
ヘルシーな油と効率的な仕込みで揚げ物ハードル飛び越えて。

その7
【1001本目の玉子焼き】
ひとつのおかずを、何度も同じ味で作り続ける。
日常の小さな努力の積み重ねが新しいおかず、
次の弁当を生んじゃうかも。
おにサンド……68

その8
【ごはんを染みさす】
ぶっかけとまでは言いません。染み出てしまったおかずうま味
エキスがごはんに付いたところこそ弁当の宝。
具材でもなく、ごはんでもなく、第三のゾーン！
ぎゅうとん……76

その9
【野菜こそガッツリ系】
肉のように、魚のように、野菜だけでも満足できる調理法。
野菜はサラダだけじゃない。
ベジ弁……88

その10
【「まいっか」というさじ加減】
「まいっか」を使い分けてこその料理センス。
省略や代用で身近になる味がある。ストイックな達成感とズボラ
な気軽さを使い分けて続く料理の日常
門外不出のもてなし弁当……98

その11
【弁当に出る自分の人生を大事にする】
ついつい出てしまう弁当癖。
全部無くしてしまうより、むしろ見つめて。
蓋で隠すな。
素材と色彩の包まれ弁当……106

その12
【そしていつかすべては胃袋の中へ消えて行くんだね】
手間をかけても、食べたら消えちゃうおかずたち。
だからこそ、失敗しても前進できる。
冒険を恐れず今日の弁当を作ろう。
おかず直列！ゴージャスチオ重……116

お弁当01

トリコロ弁

黒酢鶏とクリームコロッケの濃厚弁当

おかず01　黒酢鶏…14ページ
おかず02　ズッキーニのナムル…15ページ
おかず03　えびとまいたけのクリームコロッケ…16ページ
おかず04　春菊ペーストのセンレック麺…17ページ
おかず05　小なすのグリーンカレー煮…18ページ
おかず06　豆苗とちくわの春巻…19ページ

津軽海峡冬レシピ

何度も繰り返し作ってきたおかずの中で、黒酢鶏とクリームコロッケは一番繰り返し作られてきたものだと思います。ふたつともチオベン定番中の定番で、お弁当の左角には黒酢鶏、そのごはんを底辺にした対角線にクリームコロッケという構図はチオベンを食べたことがある人なら見慣れた絵だと思います。

　でも作り方は対照的で、黒酢鶏は暗記もできそうなわかりやすい分量に、鍋に入れて火にかけたら一時間後にはできあがっているという簡単レシピ。

　かたやクリームコロッケはクッキングスクールでやればこれだけで時間が終わってしまうくらいの手間をかけたレシピです（今回ていねいにレシピを書きすぎて私小説レシピとまで言われ、泣く泣くかんたんにわかりやすく短くさせていただいたのですが）。

　どちらも私が札幌のお店「ごはんや　はるや」で繰り返し繰り返し作り、海峡を越えて持ってきた黄金レシピです。

04
01
05
03
02
06

おかず01

黒酢鶏

60分

見た目を裏切らない甘酸っぱさ。けれど見た目ほどくどくない味。

茶

煮る

甘酸っぱい

材料　3~4人分

- 鶏もも肉…500グラム
- 黒酢…½カップ
- 千鳥酢…¼カップ
- ざらめ…55グラム
- 醤油…大さじ1と½
- ねぎの青い部分…5センチ程度

作り方

1 鍋に材料を全部入れる。

2 鍋を強火にかけて、沸騰してきたら弱火にし、1時間煮る。

3 煮汁がなくなるまで煮詰めて、汁がトロトロになってきたら煮汁を鶏にからめる。

※煮汁が無くなりそうになったら、水を足して調整する。

2

3

おかず02

05分

ズッキーニのナムル

追いごま油がとろーり感の決め手、ごはんの名脇役です。

緑

炒める

ピリッ

材料

2人分

ズッキーニ…1本
藻塩…ふたつまみ
サラダ油…大さじ1
おろしにんにく…小さじ1
いりごま…大さじ2
糸唐辛子…適量
ごま油…大さじ2

作り方

1 ズッキーニを薄い輪切りにする。
2 熱したフライパンにサラダ油を入れ、ズッキーニを入れてしんなりするまで炒める。
3 おろしにんにくと塩を入れて1分間くらい炒める。
4 ごま油、いりごま、糸唐辛子をからめる。

2

4

おかず03

30分

えびとまいたけのクリームコロッケ

主役のえびをもしのぐクリームにからまったまいたけのだし。口いっぱいに頬張りたい。

茶

揚げる

サクサク

とろーり

こってり

材料

10個分

えび…160グラム
まいたけ…260グラム
たまねぎ…少々
日本酒…½カップ
ベシャメルソース
・牛乳…1と¼カップ
・小麦粉…40グラム
・バター…40グラム
卵…1個
小麦粉…適量
パン粉…適量
揚げ油…適量
サラダ油…少々
塩・こしょう…各少々

5

作り方

1 えびの殻をむいて背わたを取って細かく切る。まいたけをみじん切り、たまねぎはスライスにする。

2 鍋にサラダ油を熱し、たまねぎ、えび、まいたけの順に炒めていく。

3 2に日本酒を入れ煮汁と合わせながら炒め煮して、塩こしょうをしてざるを使い、煮汁と具に分ける。

4 ベシャメルソースを作る。鍋を弱火にかけてバターを溶かし、小麦粉を炒め、牛乳を2、3回に分け、まぜながら足していき、最後に3の煮汁も加えて味を調える。3の具材も入れバットに移して冷ます。

5 4を丸く成形し、小麦粉を薄くまぶし、卵→パン粉→卵→パン粉の順に二度衣を付ける。

6 200℃できつね色になるまで揚げる。

おかず04

10分

春菊ペーストのセンレック麺

タイの米麺を使った定番メニュー。
米油のマジックで春菊がまろやかに。

緑

ゆでる

ねっとり

材料

2人分

センレック麺（平打ち米麺）…50グラム
ゆずこしょう…お好み
春菊ペースト
・春菊…2束
・米油…⅔カップ
・醤油…¼カップ
※春菊ペーストは他の料理でも応用。

作り方

1 鍋にお湯を沸かしセンレック麺をゆでて、ゆで上がったら水にさらし、ざるに上げて、水気をしっかり切る。固めで仕上げた方がおいしい。

2 春菊ペーストを作る。春菊をゆでてざく切りにする。米油と醤油と春菊をフードプロセッサーに入れて混ぜる。

3 ボウルにセンレック麺を入れ、2のペーストを大さじ2、ゆずこしょうをお好みで入れて和える。

1

おかず05

小なすのグリーンカレー煮

15分

刈り上げ頭の小なすに
タイカレーのうま味を閉じこめた小宇宙。

白

紫

揚げる

とろーり

材料　6〜7本分

小なす…6〜7本
グリーンカレーペースト…小さじ1
レモングラス…小さじ1
ナンプラー…小さじ1
バイマックル…1枚
砂糖…大さじ½
ココナッツミルク…½カップ
ピーナッツバター…大さじ½
サラダ油…少々
揚げ油…適量

作り方

1 小なすのヘタを、帽子を作るようなイメージで切り落とし、茶せん切りにする。
2 1を200℃くらいの油で2〜3分ほど素揚げ。
3 グリーンカレーを作る。フライパンにサラダ油をひき、グリーンカレーペーストを入れて軽く炒める。
4 フライパンにココナッツミルクを入れ、ナンプラー、適当に手でちぎったバイマックル、大きめのみじん切りしたレモングラス、砂糖、ピーナッツバターを入れて混ぜる。
5 なすをフライパンの中に入れて1分間くらいなじませる。

1

2

5

おかず06

豆苗《とうみょう》とちくわの春巻

10分

毎回具材が違うチオベンの定番、春巻。中でも不動のセンターに位置する人気者。

茶

緑

揚げる

サクサク

ぷりっ

材料

2本分

豆苗…ひとつかみ
ちくわ…2本
春巻の皮…4枚
塩…適量
揚げ油…適量

作り方

1 豆苗をざく切り、ちくわは縦半分に切ってから斜め薄切りにする。

2 1をボウルで和えて塩を軽くふる。

3 春巻の皮で二度巻きにする。1枚目の皮に2をのせて包み、皮の端に水をつけて留め、軽く手で握る。2枚目の皮は厚さが均等になるように包み、最後にギュッと握る。

4 180℃の油で揚げる。春巻を入れたら、いったん火を止めて焦げ付かないようにし、油の温度が下がってきたらまた火をつける。5～6分揚げて皮がきつね色になってきたら、油を切る。

5 包丁で斜め半分にカットし、盛りつける。

2

3

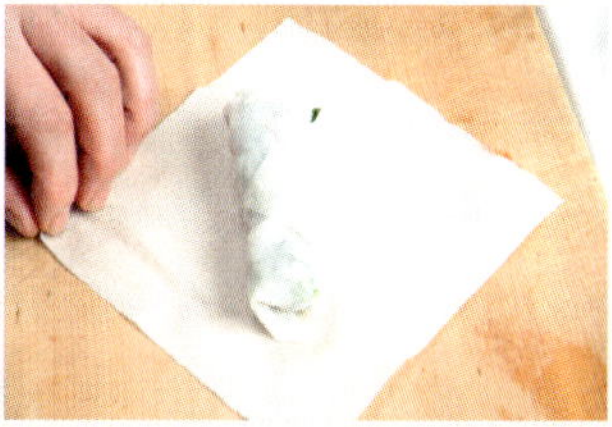

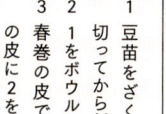

お弁当02

ぶたぶり弁

豚ヒレスパイシー揚げとぶり大根の
がっつり弁当

おかず07 豚ヒレスパイシー揚げ…22ページ

おかず08 カリフラワーペースト…23ページ

おかず09 汁なしぶり大根…24ページ

おかず10 ちぢみほうれん草のマスタード和え…25ページ

おかず11 ごぼうの黒七味和え…26ページ

おかず12 えびと里芋の春巻…27ページ

最後のひとふり

黒柳徹子さんは「徹子の部屋」に同じ服で出たことがないらしい。初め色の薄い服を作って徐々に濃い色に染めて着ているという。都市伝説かもしれないが。

素材を蒸したりゆでたり揚げたりして火を入れ、じゃどんな味付けにしよう、と思う。塩する、だしで煮含める、オイルをからめる。「それだけで美味しい！」ってなったらどうしよう。その時いつも黒柳徹子さんのことを思うのです。いやウソじゃなく。

弁当は時間がある程度経ってから食べる。時間も味付け。その時間が美味しくなるための時間じゃなかったら、その時間をカバーするための最後のひとふり、最後の決め調味を加えます。薄い色の次の色で弁当に登場させるために。

ごぼうにふった黒七味、ほうれん草に和えたマスタード、他におろししょうがやゆずこしょうなど最後のひとふりに活躍してくれそうなスパイスや調味料を自分なりに見つける楽しみをぜひ。

07
10
11
08
09
12

おかず07

豚ヒレスパイシー揚げ

20分

厚めの衣の中で蒸されたスパイシー豚がコンフィのようにしっとり。

茶

揚げる

しっとり

スパイシー

前日に用意

材料　10枚分

豚ヒレ肉…200グラム

肉の漬けだれ

- 紹興酒…大さじ2
- ココナッツミルク…大さじ2
- 砂糖…大さじ1
- 醤油…大さじ2
- オイスターソース…大さじ1と½
- ピンダルーペースト…小さじ2
- おろしにんにく…小さじ1
- カルダモン…小さじ1
- カレー粉…小さじ1
- コリアンダー…小さじ1

片栗粉…適量

揚げ油…適量

作り方

1 豚ヒレ肉を1センチ厚にカット。ボウルに入れて漬けだれの材料をすべて入れてひと晩以上漬け込む。

2 1の豚肉を取り出し、1枚ずつ片栗粉をたっぷり、ちょっと多いかなと思うくらいまぶす。

3 中火の低温（約150℃）でじっくり揚げる。鍋の温度が上がってきたら火を止めてじわじわと10～15分くらい揚げ続ける。

1

3

白

緑

煮る

とろーり

おかず08

カリフラワーペースト

20分

肉や魚に添えてもご飯にのせてもマッチするまろやか万能ペースト。

材料

3～4人分

カリフラワー…½株
生クリーム…大さじ1
ねぎの青い部分…5センチ
バター…大さじ2
水…少々
塩…少々

作り方

1 カリフラワーをざく切り、ねぎをスライスにして鍋に入れ、水をひたひたに張る。
2 鍋を火にかけて、バターを入れて煮る。
3 カリフラワーがくたくたになり水分がなくなってきたら塩をふり味を調える。
4 3をフードプロセッサーに入れて混ぜる。
5 4をボウルに移し、生クリームを入れて混ぜる。

おかず09

20分

汁なしぶり大根

煮汁の汁気をとばしながら素材とからめて
うま味を封じ込めた、弁当専用ぶり大根。

茶

煮る

ほっくり

材料

2人分

ぶり…1切れ
大根…½本
しょうが…1片
砂糖…大さじ2
醤油…大さじ1
日本酒…¼カップ
水…¼カップ

作り方

1 鍋に水を張り大根を煮る。串がすっと通るくらいになったら火を止める。

2 小鍋に水を張り沸騰させて、ぶりを入れて湯通しし、氷水にあけてぬめりを取る。その際に指で余分なうろこも取る。

3 しょうがをスライスする。

4 鍋に日本酒、砂糖、しょうが、大根、ぶりを入れてひと煮立ちさせる。

5 醤油を入れて、煮汁を大根とぶりにからめながら5分ほど、汁気がなくなるまで煮る。

2

5

おかず10

10分

ちぢみほうれん草のマスタード和え

ちぢみほうれん草の甘味とうま味が、米油で引き出されます。

緑

和える

さっぱり

材料　2人分

ちぢみほうれん草…1束
※ないときはほうれん草で代用可
米油…小さじ1
粒マスタード…小さじ½
醤油…適量

作り方

1 ちぢみほうれん草をざく切りにして洗う。
2 フライパンに米油を入れて熱する。
3 ちぢみほうれん草を入れて全体に油を回して和える。炒め物にならないように注意する。
4 全体に火が通り、ほうれん草の量が半分くらいになったら火を止める。
5 粒マスタード、醤油を入れて味を調える。

3

4

おかず11

07分

ごぼうの黒七味和え

チオベンの定番、米油と藻塩のゴールデンコンビに黒七味がごぼうの甘味をピリリと引き締めます。

茶

揚げる

ピリッ

材料

2人分

ごぼう…1本
藻塩…ふたつまみ
黒七味…ひとつまみ
揚げ油…適量

作り方

1 ごぼうを乱切りにして、ボウルに酢水（分量外）を入れて5分ほど浸す。
2 ごぼうの水気を切って素揚げする。揚がったら油を切る。
3 熱いうちに藻塩と黒七味で和える。

3

おかず12

えびと里芋の春巻

40分

ポイントは、えびと里芋をねっとりとつなぐ豚の背脂。揚げると中身はトロトロに。

赤

白

揚げる

サクサク

材料

2本分

えび…100グラム
豚の背脂…20グラム
里芋…3つ
ごま油…大さじ2/3
片栗粉…小さじ1/4
砂糖…少々
塩…少々
こしょう…少々
春巻の皮…4枚

作り方

1 里芋を洗って皮ごと10〜15分程度蒸す。竹串がすっと通るくらいが目安。一口大に切っておく。

2 えびの殻をむいて背わたを取ってぶつ切り。ボウルに入れて塩をひとつまみと片栗粉をひとつまみ（分量外）入れてもむ。水で洗い、さらしで絞って水を切る。

3 えびミンチを作る。えびをボウルに入れて塩、砂糖、こしょう、背脂、ごま油、片栗粉を入れて、手で粘りが出るまでこねる。

4 春巻の皮で3と里芋を巻く。二度巻きにする。

5 180℃の油に春巻を入れ、火加減を調整しながら10分くらいじっくり揚げる。

6 包丁で斜め半分にカットし、盛りつける。

1

3

4

チオベンの料理教室01

春巻

チオベンの定番料理を教えてもらう料理教室を開校します。
今回取り上げるのは「春巻」。生徒になっていただくのは、
チオベンを初めて雑誌で紹介してくれたお菓子研究家の福田里香さん。
春巻の巻き方のコツ、中身に入れる具材のコツなどを教えていただきます。

山本千織（以下、山本）　今日はよろしくお願いします。すごく簡単なので、すぐ終わっちゃうと思いますよ。

福田里香（以下、福田）　よろしくお願いします。

山本　今日は生ハムと洋梨とバジルの春巻を作ります。福田さんって普段揚げ物やりますか？

福田　あんまりしないよね。年取ってきたからかもしれないけど（笑）。でも千織さんの料理を食べると、揚げ物いいなって思います。お子さんがいる家とかはいいですよね。

山本　料理教室をやっても、春巻のリピート率が一番高いんです。仕込みがラクだし、冷凍できるし、お客さんが来た時に便利です。じゃあとりあえずやってみましょうか。今回のは本当に簡単で、生ハムと洋梨は食べやすい大きさに切っておきます。それを包んで揚げる、それだけです。

福田　春巻って面倒くさいイメージだったんですが、確かに、ただ巻くだけでいいなら簡単ですね。皮の種類はこだわりがあるんですか？

山本　私の春巻は二度巻きするので、できるだけ薄いものであれば、何でも構いません。

福田　なるほど。

山本　皮を触ってもらうとわかるんですが、表と裏があるんですよ。

福田　あ、ほんとだ。春巻の表裏なんて気にしたことなかった。

【材料】（2本分）
洋梨…½個
生ハム…5～6枚
バジル…6～8枚
春巻の皮…4枚
揚げ油…適量

【作り方】
1 洋梨を食べやすい大きさに切る。
2 春巻の皮に洋梨と生ハム、バジルを適量のせて巻く。
3 もう一度春巻の皮を巻く。
4 180℃の油できつね色になるまで揚げる。

山本　表面がツルツルの方を外側にするようにしてください。では、材料を切ります。洋梨を食べやすい大きさに切ってください。
福田　だいたい3センチくらいですかね。
山本　あんまりゴツゴツするとダメですけど、わりと大きめでも大丈夫です。
福田　味付けはどんな感じですか？
山本　今回は味付けナシです。生ハムから塩味が出るので、全然大丈夫。
福田　なるほど。じゃあ巻きましょうか。中身の分量はどれくらいなんですかね？
山本　わりとたくさん入れても大丈夫です。

福田　了解です。ラッピングですね。こんなにたくさん入れるんですね。でも、意外と破れてきたりしませんね。
山本　でも、時間がたつと中から水分が出てくるので破れてきます。なので、揚げる直前に二度巻きするんです。ふんわり巻くと言っている方も多いんですが、私はわりと強めに巻きます。しっかりと巻いて、お水で端っこを留めたら、片手でキュッと握る。そこまで強すぎなくていいです。
福田　こんな感じですかね。
山本　いい感じです。では、2枚目を巻きます。ここ、置き方がポイントなので見ていてくださいね。2枚目の皮の上に、さっき包んだ春巻のフタの部分を上にしてのせます。包んでみるとわかるんですが、フタを上にして置くと、両サイドから包む部分が皮の薄いところを覆ってくれるんです。
福田　なるほど！　全体の厚さが均等になるんですね。
山本　こう巻いておくと、揚げた時にも破れづらいと思います。そして、巻いたら水で留めて、またキュッと握ります。油に入れた時に、つなぎ目のところが割れて破裂しちゃう可能性があるので、最後に押さえるという意味で、握ってください。
福田　はい。キュッとですね。
山本　あとは揚げるだけです。
福田　聞きたかったんですが、千織さんの弁当は、何で春巻が名物なんですか？
山本　まずは、お弁当の中に入れた時に春巻がひとつ入ってると「手をかけてるなー」って見えるでしょ。その印象が与えられるのがいいのと、もうひとつは、仕込みの流れがすごく効率的なんです。二度巻きだと、1枚巻いた状態で保存や冷凍ができる。揚げる直前に2枚目を巻けば、味は作り立てとほぼ変わらない。だから仕込みがすごくやりやすかったんです。
福田　料理屋をやっていた時からのメニューなんですね。どうしてこんなに種類が増えていったんですか？
山本　中華料理で春巻って食べます？　実は私はあんまり食べないんですよね。とろっとした野菜のあんが入っているのがそんなに好きじゃなくて。店でたまたま残った具材を賄いごはんのために揚げてみたら、すごくおいしくて。春巻の皮に包まれてジューシーになるんですね。それを一回発見したら、何でも揚げてみようと。はじめは春巻の中だけで組み合わせを考えていたんですが、今は弁当全体のバランスでこんな味が足りないなと思った時にひと味足す感じで考えてます。
福田　春巻、揚がってきましたね。油の温度って、最初結構高めでしたよね？
山本　そうなんです。私はかなり高温

で春巻を入れちゃって、その後火を止めちゃいます。で、油の温度が下がったと思ったら、また火をつける。それの繰り返しなんです。

福田　へー、面白い。あんまりそういうやり方をしている方聞きませんね。最終的には高温で引き上げるんですか?

山本　高温です。温度に関しては、本当にデリケートで。揚げる素材で全然違うんです。鶏の唐揚げとかだったら、春巻と同じで高温から揚げて、火を止めて、最後高温にする。でも、豚ヒレの揚げ物とかは、低い温度で揚げて柔らかくする。コンフィの要領ですね。すごく伝わりづらいんですが、でも食感が全然違うんですよ。

福田　そんなにデリケートなんですね。

山本　色がついてきたのでもう上げますね。

福田　早い!すぐにできちゃいますね。

山本　そうなんですよ。では、切りますね。

福田　切る時のポイントはありますか?

山本　切る時は、一度包丁の穂先でちょっと刺してから、普通に切る。そうすると、春巻の皮がバラバラにならなくていいです。

福田　了解です。おー。断面がキレイですね。

山本　皮がちょっと破れたりしても、二度巻きしているので大丈夫なんです。

福田　切った途端いい匂いがしますね。

山本　食べてみましょう。

福田　おいしい!洋梨柔らかいですね。二度巻きするっていうから、皮が厚くなるかなって思ったんですが、全然感じないですね。千織さんはいろいろ巻いてきたと思うけど、何が一番人気でした?

山本　以前にイベントで私が12種類くらい具材を用意していって、お客さんが選ぶのをやったんですが、その時最初になくなったのは、れんこん、アボカド、バジルです。

福田　その組み合わせ、意外。全部の出自が違う感じがしますよね。

山本　直接火が当たらないのがいいんですよね。うま味を閉じこめて、なおかつ中で加熱されて、違う食感になっていく。

福田　具選びのポイントは何なんですか?違う食感のものを合わせるとか。

山本　今日のは全部生でも食べられるものを合わせていますね。だいたい3種類くらいの具材を入れるんですが、そのうちの1つに味をつけて他の素材とからませるようなイメージで考えています。福田さんは、巻いてみたいと思うものは何かありますか?

福田　甘いもの、やってみたいですね。豚肉にりんごとかも美味しそう。

山本　美味しいと思います。干し柿も

入れたことありましたね。美味しかったですよ。

福田　美味しそう！　水分のバランスが必要ですね。1個は水分が出るんだけど、もうひとつの食材で吸い取るようなものとかで組み合わせたらいいかもですね。切り口もキレイなのがいいんだよな。千織さんのお弁当はいつもそうですよね。初めて見たのは、ユトレヒトでのイベントのお知らせメールだったんですが、「紫！　ピンク！　かわいい！」っていうのが第一印象。色彩感覚がいい人だなって。それで、フェイスブックを見てみたら、千織さん本人がかわいい！と思って、雑誌で取材の申し入れをしたんですよ。

山本　ありがとうございます。初めて雑誌の媒体に載ったのは、福田さんが取り上げてくれたからなんですよ。あの効果はすごく大きかったですよ。

福田　春巻は必ずお弁当に入っているんですよね。今まで何本くらい巻いたんでしょうね？　すごい数になりそう。

山本　数えきれないくらい巻いてるけど、中国人にはかなわないですよ（笑）。

福田里香（ふくだ・りか）
お菓子研究家。書籍や雑誌を中心に活躍し、オリジナリティあふれるレシピが人気。近著に文庫版『まんがキッチン』（文春文庫）、『フードを包む』（柴田書店）、『自分でつくるグラノーラ』（文化出版局）、『ゴロツキはいつも食卓を襲う』（太田出版）。

お弁当03

香味覚醒弁当

豚の角煮やサーモンのタイ風漬け焼き等、多彩な香りが楽しめます

おかず13 豚角煮…34ページ
おかず14 インカのめざめマッシュ…35ページ
おかず15 キングサーモンのタイ風漬け焼き…36ページ
おかず16 きゅうりとオクラの和え物…37ページ
おかず17 揚げにんじん…38ページ
おかず18 いかねぎ春巻…39ページ

詰めて詰める

昨年初めて映像の仕事をした。なにもかもとまでは言わないが、もう全然雑誌の現場と違った。

そして私を一番ドキドキさせた言葉が「シズル感」。映像以外の現場でも普通に使われているとは思いますが。ちなみにシズルは英語のsizzle（油で揚げているような音を出すこと）＝美味しそうな感じ、だそうです。

「シズルでてるね」「シズル待ち」「シズルきたー」そして私が一番びっくりしたのは「いちじくはシズルだから」。

え？ じゃマンゴーは？ メロンは？ ハンバーグちゃんも天丼ちゃんも私には相当シズってますよ。

弁当のシズルは照りである。しっかりうま味と水分を素材に戻してあげて、砂糖と醤油を入れて煮詰めていって照りが出た時にジャストになる味付けにする。その時敵となるのは素材から出てくる余分な油である。余分な油があるとうまく詰まっていかないのだ。「豚角煮」で豚バラ肉を最初に3時間も蒸すのは、柔らかくするのと同時に余分な油をしっかり落として、煮詰めた時にきれいな照りが出るよう。

just do sizzle!

ところで、以前活躍していたブルック・シールズってのも相当シズってたと思います。

16
17
13
15
14
18

おかず13

豚角煮

30分

口の中ですーっとなくなるトロトロ角煮。
ポイントはじっくりと蒸すこと。

茶

蒸す

煮る

とろーり

前日に用意

材料　5〜6人分

豚角用バラ肉…1キロ
砂糖…25グラム
醤油…¼カップ
泡盛…⅔カップ
水…2と½カップ

作り方

1 豚バラを余分な脂をカットして、塊のまま蒸し器で3時間蒸す。

2 柔らかくなったら好きな大きさにカットする。

3 鍋にすべての材料と肉を入れて火にかけ、沸騰してから約30分ほど煮る。煮汁がなくなってきたら火を止める。

3

黄

煮る

こってり

おかず14

インカのめざめマッシュ

20分

豚の角煮にのせて食べたいほっくりマッシュ。
じゃが芋界の王様に、追いバターが香ばしい。

材料

2人分

インカのめざめ…200グラム
生クリーム…大さじ1
砂糖…大さじ1
バター…30グラム
塩…ひとつまみ
ブラックペッパー…少々
バター（和える用）…大さじ1
※インカのめざめマッシュは他の料理でも応用

作り方

1 インカのめざめの皮をむいて適当な大きさにスライスする。
2 1を鍋に入れて水をひたひたに入れて火をつける。
3 バター、砂糖、塩を入れて煮込む。インカのめざめに火が通り、水分がなくなるのが目安。
4 泡立て器を使ってつぶしながら混ぜていく。
5 じゃが芋が滑らかになるまで混ざったら、生クリームを入れて味見をし、塩・ブラックペッパーで味を調えて、最後に追いバターを入れて決める。

おかず15

10分

キングサーモンのタイ風漬け焼き

レモングラスとバイマックルの香りが食欲を誘います。

ピンク

焼く

さっぱり

スパイシー

前日に用意

材料

3〜4人分

キングサーモン…2切れ

漬けだれ

- レモングラス…½本
- ナンプラー…½カップ
- 日本酒…½カップ
- バイマックル…2枚

作り方

1 漬けだれを作る。レモングラスはみじん切り、バイマックルは手で適当なサイズにちぎる。残りの材料をすべて容器に入れて、サーモンをひと晩漬け込んでおく。

2 グリルを中火で熱して焼き、火が通ったら完成。

1

おかず16

05分

きゅうりとオクラの和え物

おろししょうががふんわりと香って箸が進みます。

緑

和える

さっぱり

ねっとり

材料

3〜4人分

きゅうり…1本
オクラ…1本
おろししょうがの絞り汁…小さじ1
醤油…小さじ1
藻塩…ひとつまみ

作り方

1 オクラのヘタの周りを切り、面取りをする。
2 鍋に水を張り、オクラを1分ほどゆでる。ゆで上がったら氷水に浸し、キッチンペーパーで水気を切る。
3 きゅうりの皮を数か所包丁でむいて、乱切りにし、藻塩をひとつまみ入れて数分置いておく。
4 オクラは斜めざく切りにする。
5 きゅうりの水を切り、オクラとしょうが汁、醤油をボウルに入れて和える。

1

5

おかず17

揚げにんじん

10分

かめばかむほど甘味が広がるカラフルにんじん。えごまの香りがアクセント。

材料　3～4人分

カラフルにんじん…½本ずつ2種類
※普通のにんじんで代用、1種類でも可
えごまの葉…½枚
藻塩…ひとつまみ
揚げ油…適量

作り方

1 にんじんを皮付きのまま乱切りにする。
2 180℃の油で素揚げにする。表面にしわがよるくらいまで4、5分揚げる。
3 えごまの葉をみじん切りにし、にんじん、藻塩をボウルに入れて混ぜる。

2

おかず18

いかねぎ春巻

15分

香り高いごま油で口の中に居酒屋がオープン。ビールのお供にもぴったり。

茶　白　揚げる　サクサク　とろーり

材料　2本分

いか…55グラム
ねぎ…½本
むかご…10粒程度
ナンプラー…小さじ1
ごま油…小さじ1
片栗粉…少々
春巻の皮…4枚
揚げ油…適量

作り方

1 処理したいかをぶつ切り、ねぎをせん切りにする。むかごは洗って水を切っておく。
2 ボウルにいか、ねぎ、ナンプラー、ごま油、片栗粉を入れて混ぜる。
3 春巻の皮に2とむかご4、5粒を入れて巻く。二度巻きする。
4 180℃の油に春巻を入れ、火加減を調整しながら10分くらいじっくり揚げる。
5 包丁で斜め半分にカットし、盛りつける。

3

お弁当04

ギャップ弁

見た目と味が驚くほど違う
うれしいギャップがある弁当です

おかず19 牛団子煮…42ページ

おかず20 春菊とりんご、チーズのサラダ…43ページ

おかず21 揚げ鱈の押し麦あん…44ページ

おかず22 かぼちゃのクミンかりんとう…45ページ

おかず23 かまぼこ、ねぎ、汲み上げ湯葉のセンレック麺…46ページ

おかず24 ささみとエリンギの春巻…47ページ

乳化または素材の粘りでつないでく

無類のねばねば好きだ。納豆、オクラ、山芋、めかぶ…。めかぶを自分でたたいて作った時、ねばねばにねばねばを組み合わせた時、ねばねばに卵を入れた時、私のねばねば人生は上がっていった。そんなねばねば好きな私でも、さすがに弁当にねばねばはなかった。

中学の時、部活の朝練が終わった後みんなで授業前に弁当を食べるのだが、ある日の弁当がごはんに納豆の時があり、ひとつ上の部活の先輩を好きだった私はさすがにその弁当を先輩の前で食べることはできず、そっと閉じて帰って母にキレた。

それから何十年の月日が流れ、私は今、果敢にねばねばを弁当に入れようとしている。正確にはねばねばではないんです。素材から出る水分が油と合わさることで粘りを出し、味とうま味と組み合わせた素材をつなぐ「乳化」というやつです。

私の弁当は片栗粉をあんにしてとじたものを使わない。片栗粉は時間がたつと粘度は落ちる。すぐに食べないこともある弁当には不向きだと思う。しかし片栗粉をつけて揚げたものに、調味した水分を加熱して与えると十分に味は付く。「揚げ鱈の押し麦あん」のように、揚げ物に外側から味付けるにはこちらの方が向いていると思う。

19
20
22
23
21
24

おかず19

50分

牛団子煮

口の中でホロホロ溶ける団子の秘密は
ていねいな下ゆでにあり。

茶

煮る

ホロホロ

材料

2人分

牛ひき肉…200グラム
おろししょうが…小さじ1
日本酒…大さじ½
卵…小1個
片栗粉…小さじ1
醤油…小さじ1

(A)
・日本酒…½カップ
・砂糖…大さじ3
・豆板醤…小さじ1
・おろしにんにく…小さじ1
・ごま油…大さじ½

作り方

1 ボウルに牛ひき肉、しょうが、日本酒、卵、醤油を入れて混ぜる。

2 1に粘りが出てきたら片栗粉を入れて、丸く成形し、団子にする。

3 鍋に水を多めに張って沸騰させ、団子を入れる。30～40分煮る。

4 3の鍋の煮汁を少し残して捨てる。再度火にかけて、(A)を入れて汁気がなくなるまで煮詰める。

4

おかず20

05分

春菊とりんご、チーズのサラダ

春菊の苦味とりんごの酸味、チーズのまろやかさの三位一体。

緑

白

和える

シャクシャク

さっぱり

材料

お好きなだけ

春菊（生食用）…適量
※ない場合はクレソンで代用
りんご…適量
モッツァレラチーズ…適量
藻塩…少々
オリーブオイル…大さじ1

作り方

1 春菊はざく切り、りんごはスライス、モッツァレラチーズは手で適当な大きさにちぎる。
2 1をボウルに入れ藻塩とオリーブオイルを入れて和える。

1

おかず21

揚げ鱈の押し麦あん

20分

ナンプラーと水が揚げ鱈とからまることで、とろりとしたあんが完成。

茶

緑

揚げる

しっとり

材料

2人分

生鱈の切り身…½切れ
ほうれん草…½束
押し麦…大さじ1
ナンプラー…大さじ½
米油…大さじ1
水…¼カップ
揚げ油…適量
片栗粉…適量

作り方

1 鱈を一口大にカットして、ひとつずつ片栗粉をまぶす。
2 180℃の油で4分程度揚げる。
3 押し麦を熱湯に入れて7、8分程度煮る。
4 フライパンに米油を入れて熱し、ほうれん草を炒める。
5 押し麦、水、ナンプラーを入れ、ほうれん草から出てくる水分と、油をなじませたところに、鱈を入れてからめる。

2

5

おかず22

15分

かぼちゃのクミンかりんとう

サクッと甘いカラメルを口に入れると、中は驚きのほっくりスパイシー。

黄

茶

揚げる

カリッ!

スパイシー

材料

2人分

かぼちゃ…¼
砂糖…大さじ2
カレー粉…大さじ1
サラダ油…大さじ1
クミン…小さじ1
揚げ油…適量

1

作り方

1 かぼちゃを一口大に切り、皮をところどころそぐ。表面がでこぼこになっていた方が中に味が入りやすい。

2 鍋に油を熱し160℃くらいで揚げる。油の温度が上がり過ぎないよう注意。竹串が通るくらいになったら、油を切っておく。

3 熱したフライパンにサラダ油を入れて、クミンを入れる。ふんわりと香りが立ってきたら砂糖を入れて溶かす。焦げないよう注意。

4 砂糖が溶けてきたら火をゆるめ、カレー粉を入れカラメル状になったら、かぼちゃを入れてカラメルの衣を付けるように和える。

おかず23

かまぼこ、ねぎ、汲み上げ湯葉のセンレック麺

10分

チオベンの人気メニューのひとつ。
クリーミーな湯葉が麺にからまります。

白

ゆでる

とろーり

ぷりっ

材料

2人分

センレック麺…50グラム
板かまぼこ…½本
ねぎ…½本
汲み上げ湯葉…大さじ3
米油…大さじ2
藻塩…ふたつまみ
醤油…少々
おろししょうが汁…小さじ1

作り方

1 鍋にお湯を沸かしセンレック麺をゆでて、ゆで上がったら水にさらし、ざるに上げて、水気をしっかり切る。固めで仕上げた方がおいしい。

2 ねぎを縦半分に切り斜めせん切りにする。

3 板かまぼこは薄くそぎ切り。ていねいにやらなくてよいのでささがきのような要領で。

4 2のねぎを湯通しした後、キッチンペーパーなどで水を切る。

5 板かまぼことねぎ、汲み上げ湯葉、米油、藻塩、しょうが汁を入れて手で混ぜる。

6 ボウルにセンレック麺を入れて和える。

3

4

6

おかず24

ささみとエリンギの春巻

15分

サクサクの皮とぷりぷりのエリンギ、異なる食感を楽しめます。

茶

白

緑

揚げる

サクサク

材料

2本分

鶏ささみ…1本
エリンギ…1本
クレソン…適量
醤油…小さじ2
ごま油…大さじ1
春巻の皮…4枚
揚げ油…適量

作り方

1 鶏ささみは蒸して、適当な大きさに割く。エリンギは生のままでささみと同じくらいの大きさに切る。クレソンはざく切りにしておく。

2 ボウルに1、ごま油、醤油を入れて手で混ぜる。

3 春巻の皮で2のあんを包む。二度巻きにする。

4 180℃の油に春巻を入れ、火加減を調整しながら10分くらいじっくり揚げる。

3

コラム01

チオベンの食材選び

世の中では「仕込み8割」と言われているけど買い出し枠も8割くらい欲しくて10割では足りない。
ある程度のものは配達やネットがある中で私は毎日相当な時間スーパーにつぎ込んでいます。だいたいのメニューはスーパーで決めると言ってもいいくらいです。
肉を見て魚見て調味料見て豆腐や練り系見て野菜。
だいたい2時間はスーパーにいてぐるぐる何度も回ってメモしながらかごに入れていくので、ちょっと変な人に見られているかもしれないです。

築地市場では魚だけ仕入れます。北海道に長くいたので北の魚を見ると安心しますが、さわってみたい魚は使い方を考えないで買ってしまうことも少なくないです。そうやって買ったものが意外におもしろくてずっと使うことになったり。たこめしに使っている活たこの足も仕入れてきます。

ファーマーズマーケットにも行きます。大好き。生産者さんや八百屋さんと、どう料理したら美味しいとか話をしながら買い物をするのが楽しいです。いつもこちらから聞くのは「生いける?」。ファーマーズにある野菜は、採れたてなのでアクが少なく、本来火を入れて使うものも生で食べられるというのがうれしいです。

生産者さんから直接送ってもらっているものもあります。やはり新鮮なのでびっくりするくらい美味しいし使い方を考えるのがすごく楽しい。カラフルにんじんや小さいオクラやさまざまななすのバリエーションなど、弁当のポイントになってくれる野菜を安心して提供できるのでいつも箱を開けるのが楽しみ。

最後に私の好きな野菜について。好きなのはちぢみほうれん草と水なすです。見た目以上のものを発揮してくれる感じが好きです。粘り野菜もそういった意味で好きです。粘ってまとめるという二役やってくれるし。食べるので好きなのは揚げて漬けてキンキンに冷やしたなすです。おなかこわすまで食べてもいいと思ってます!

左:食材のかずかず
1 ほうれん草 2 赤小松菜 3 かぶ 4 赤くきほうれん草
5 ケール 6 芽キャベツ 7 紅芯大根 8 きんかん 9 バイリング
10 カラフルにんじん 11 花わさび 12 空豆 13 サラダたまねぎ
14 ざくろ 15 大根 16 アマランサス 17 うるい 18 ルッコラ
19 あやめ雪かぶ 20 フロチヴェル 21 大長なす

1
2
3
4
5
6
7
8
9
10
11
12
13
14
15
16
17
18
19
20
21

お弁当05

三杯鶏《サンペイジー》とブルーないか弁

さっぱり三杯鶏とこってりいかのブルーチーズ和え、
たこ焼きマッシュの驚きを加えたバラエティ豊かな弁当

おかず25 三杯鶏…52ページ

おかず26 ゴーヤの金山寺味噌炒め…53ページ

おかず27 いかブルー…54ページ

おかず28 たこ焼きマッシュ…55ページ

おかず29 カラフルトマトのサラダ…56ページ

おかず30 豚と長芋とえごまの春巻…57ページ

最終的にごはんに合うように着地させたらいい

料理をしていて味を決める時、醤油を入れる人は少なくないと思う。でも気づけば全部醤油味、ということになりかねない。お弁当はパートナーがごはんなので、調味料は立たせたり隠したりしてごはんに合う味付けを探していけばいいと思う。

「いかブルー」は、食べたことがある人はきっと知りたいと思ってるレシピ。バター、しょうが、砂糖、生クリームにブルーチーズのミルキーな組み合わせとごはんを結ぶのは、オイスターソースだ。オイスターソースは魚介系でいかとも味を結んでくれる。

「三杯鶏」はサンペイジーと読む。なんてイメージをかきたてられる名前なんだろうと思いますが、台湾へ初めて行った時に買った台湾の料理本に載っていたレシピ。

醤油1：紹興酒1：ごま油1。

どこからどー見ても中華。どこからどー見てもごはんくださいと言いたくなる字面。

結局、その時三杯鶏は食べれず、去年行った二度目の台湾でも巡り合わず、なんと今年正月に行ったタイの帰りに寄った上海で初三杯鶏を食べた。台湾の本に載っていたものとは調理法が少し違ったが、とても美味しくて「正月だけに初参拝鶏だな」と思ったが「は？」と言われるので口には出さずに食べた。

28
29
25
30
26
27

おかず25

三杯鶏《サンペイジー》

台湾料理の定番、鶏の煮込み料理。
弱火で汁気をとばすのがうまさのコツ。

70分

茶

煮る

こってり

材料

3～4人分

- 鶏もも肉…500グラム
- 水…2カップ
- 紹興酒…½カップ
- 醤油…½カップ
- ごま油…½カップ
- 砂糖…大さじ1
- にんにく…4片
- しょうが…1片
- 唐辛子（輪切り）…1本
- ねぎの青い部分…5センチ

作り方

1. 鶏肉は大きめにカットする。しょうがを薄切りにする。
2. 鍋に鶏肉と材料をすべて入れて、火にかける。
3. 沸騰したら弱火にして約1時間煮る。水がなくなってきたら随時足す（分量外）。
4. 水分がなくなるまで煮詰める。（弁当に入れない時は煮詰めなくても可）

4

おかず26

10分

ゴーヤの金山寺味噌炒め

ゴーヤに油をなじませるのが、味を染み込ませるポイント。お酒にも合います。

緑

白

炒める

材料

2人分

ゴーヤ…½本
えのき…ひとつかみ
サラダ油…大さじ1
金山寺味噌…大さじ1
※もろみ味噌でも代用可
砂糖…小さじ1

作り方

1 ゴーヤを半分に切り、種とわたを取って、5ミリ厚にスライス。
2 えのきは石突きを切り、食べやすい大きさ（2等分くらい）にほぐす。
3 鍋を熱してサラダ油を入れ、2とゴーヤを炒める。
4 ゴーヤが透明になってきたら砂糖、金山寺味噌を入れて火を止めて和える。

1

3

おかず27

いかブルー

15分

いかリングのブルーチーズソース。しょうがの香りでさわやかに。

白

青

揚げる

しっとり

ぷりっ

材料

2人分

いか（胴体部分）…1杯
ブルーチーズ…15グラム
しょうが…1片
生クリーム…¼カップ
バター…大さじ2
砂糖…小さじ1
オイスターソース…小さじ½
※ないときは醤油で代用
揚げ油…適量

作り方

1 いかを1センチ幅に切り、片栗粉を付けて180℃以上の高温でカラッと揚げる。
2 フライパンを弱火にかけてバターを溶かし、おろししょうがを入れる。
3 生クリーム、砂糖、オイスターソースの順で入れて混ぜる。
4 ブルーチーズを手で割り入れて、すべてが溶けない程度に混ぜる。
※匂いが気になる方はブルーチーズなしでも可
5 1のいかをフライパンに入れてソースと和える。

2

5

おかず28

たこ焼きマッシュ

20分

食べたらびっくり！
たこ焼きの味が口の中に広がります。

黒

緑

煮る

ねっとり

材料

3〜4人分

インカのめざめ…200グラム
マヨネーズ…50グラム
しょうが…1片
青のり…大さじ2
のり…2枚
かつおぶし…ひとつかみ
塩…少々

作り方

1 インカのめざめは洗い、皮ごと鍋に入れ、水をはって煮る。柔らかくなったら、水からあげる。

2 1をボウルにあけて、泡立て器でつぶしながら混ぜる。全体的に滑らかになってきたら、マヨネーズを入れて手でつぶしながら混ぜる。

3 みじん切りにしたしょうが、青のり、のり、かつおぶしを入れて全体を和えて、塩で味を調える。

3

おかず29

カラフルトマトのサラダ

05分

トマトの湯むきがポイント。ドレッシングがしんなり染み込みます。

黄

赤

緑

和える

さっぱり

材料　2人分

カラフルミニトマト…6個

※季節の果物（プラム、ぶどう、桃等）で代用可

ドレッシング

- サラダ油…大さじ1
- 千鳥酢…大さじ1
- 粒マスタード…小さじ½
- 砂糖…小さじ½
- 塩…ひとつまみ
- こしょう…少々

作り方

1 ミニトマトを湯むきする。

2 ドレッシングの材料を混ぜる。

3 ミニトマトとドレッシングを和えてなじませる。

1

茶

白

揚げる

サクサク

おかず30

20分

豚と長芋とえごまの春巻

ジューシーな豚と長芋の食感が口の中で一体に。

材料

2本分

豚ロース…2枚
長芋…4センチ
えごまの葉…2枚
醤油…小さじ1
ごま油…小さじ½
春巻の皮…4枚
揚げ油…適量
片栗粉…適量

作り方

1 豚ロースは食べやすい大きさに、長芋は短冊切りにする。
2 豚肉に醤油とごま油で下味を付け、片栗粉を入れてもみ込む。
3 春巻の皮にえごまの葉を敷いて、豚肉、長芋の順にのせて包む。二度巻きする。
4 180℃の油に春巻を入れ、火加減を調整しながら10～15分くらいじっくり揚げる。
5 包丁で斜め半分にカットし、盛りつける。

3

お弁当06

あげあげあげ弁

鶏唐揚げといわしのフライ、そして春巻
揚げ物オンパレード

おかず31　鶏唐ねぎ酢醤油…60ページ

おかず32　切り昆布とえのきのナムル…61ページ

おかず33　いわしのはさみフライ…62ページ

おかず34　つぼみ菜のおひたし…63ページ

おかず35　カラフルにんじんのラペ…64ページ

おかず36　アボカドれんこんバジル春巻…65ページ

ヘルシーよりオイリー

いよいよこれを書く時がきました。老いるについて。いやオイルについて。

私は油を使うのが好きです。初めは必要に迫られて（火口三つの厨房でひとつを揚げ鍋に占められていたため）だったのですが、今回レシピの原稿書きをライターの上條さんとやっていた時、おもむろに上條さんが言った。

「調理法なんだけどさ、ほとんどが『揚げ』なんだよねー」

いやわかっていたよ。しかし私も「『揚げ』をさ、可愛いアイコンに置き換えてみようか。鍋のかたちした」とか言ったものの、どこか二人に漂う『揚げ』に対する罪悪感。

ヘルシーよりオイリーはちょっと極端な言い方ですが、オイルを悪とせず揚げ物を億劫がらず、うまくつきあっていければといつも思ってます。今は質の良いオイルをうまく取りましょう、という風潮が世の中にあるのでとてもうれしいです。

ヘルシーでガッツリ系。たぶんそれが私の望まれてるポジション（ロケ弁界で）なのでガンバルぜ!!

35
31
34
33
36
32

おかず31

鶏唐ねぎ酢醤油

40分

ふんわりじゅわっと味が染み込んだ鶏唐揚げ、まろやかさの秘密は千鳥酢です。

茶

揚げる

ふんわり

材料

2〜3人分

鶏もも肉…250グラム
長ねぎ…½本
酢醤油
・醤油…½カップ
・千鳥酢…⅓カップ
・砂糖…75グラム
・紹興酒…大さじ3
・ごま油…大さじ3
日本酒…ひとまわし
醤油…適量
おろししょうが…適量
片栗粉…適量
揚げ油…適量

6

作り方

1 酢醤油の材料を混ぜる。
2 長ねぎを斜めに切る。
3 鶏肉は一口大に切り、日本酒をひとまわし、醤油、おろししょうがを入れて30分くらい漬けておく。
4 鶏肉に片栗粉を薄く、まんべんなくまぶす。
5 180℃の油でカラッと揚げる。だいたい10〜15分くらい揚げて、中まで火を通す。
6 フライパンに酢醤油を熱し、沸騰してきたら5を入れて強火でからめながら、直前にねぎを入れて火を止める。

おかず32

切り昆布とえのきのナムル

10分

昆布とえのきのねっとり同士が出合った。地味ながらファンの多い一品。

緑

炒める

ねっとり

材料

2人分

切り昆布…100グラム
えのき…80グラム
米油…大さじ1強
おろしにんにく…小さじ1強
ごま油…小さじ1
塩…小さじ½
醤油…少々

作り方

1 切り昆布を食べやすい大きさにカットする。えのきは石突きを切り、2等分にカットしてほぐす。
2 鍋に米油を入れて熱し、えのきを炒め、火が通ってきたら切り昆布を入れて炒める。
3 2に塩、おろしにんにくを入れて炒める。水分をとばすようなイメージ。
4 粘りが出てきたら仕上げに醤油を2、3滴たらし、ごま油をまわしかける。

2

おかず33

いわしのはさみフライ

20分

はちきれんばかりにマッシュを詰め込むのがおいしさのポイント。

茶

黄

揚げる

ほっくり

材料　2尾分

いわし…2尾
インカのめざめマッシュ…80グラム
※レシピは35ページ参照
パセリ…1束
卵…1個
小麦粉…適量
パン粉…適量
揚げ油…適量
塩・こしょう…各少々

作り方

1 パセリをみじん切りにする。
2 ボウルに移しパセリとインカのめざめマッシュを混ぜる。
3 いわしの頭と内臓を取って手開きにする。水洗いをして、キッチンペーパーで水分をよく拭き取る。
4 いわしの腹に軽く塩とこしょうをして、小麦粉を薄くふる。
5 いわしの腹に2を入れて包み込む。
6 ボウルに卵を溶き水を少し混ぜる。バットにパン粉を用意する。
7 いわしに小麦粉を薄くまぶし、卵→パン粉→卵→パン粉の順に二度衣を付ける。
8 180℃の油で火加減を調節しながらじっくりと10〜15分くらい揚げる。

5

おかず34

05分

つぼみ菜のおひたし

コリコリとした食感のつぼみ菜は箸休めに最適。見た目のアクセントとしても。

緑

簡単

和える

シャクシャク

材料

2人分

つぼみ菜…4つ
のり…½枚
醤油…適量

作り方

1 つぼみ菜を½にカットし、軽くゆで、氷水にさらして水気を切る。
2 のりを手でちぎってボウルに入れ、醤油に10分程度浸す。
3 2につぼみ菜を入れて和える。

1

2

おかず35

カラフルにんじんのラペ

10分

オレンジがにんじんの甘味を引き出し、追いコリアンダーでパンチの利いた味に。

オレンジ

黄色

緑

和える

さっぱり

材料

2人分

カラフルにんじん…1本
※なければにんじんで代用可
オレンジジュース…大さじ2
香菜（コリアンダー）…お好きなだけ
コリアンダーパウダー…お好きなだけ
砂糖…大さじ1と½
藻塩…適量

作り方

1 カラフルにんじんをスライサーで薄くスライスする。香菜を食べやすい大きさに切る。
2 ボウルに1と藻塩を入れて、手で和えてなじませる。
3 オレンジジュース、コリアンダーパウダー、砂糖をまぶして和え、5分ほど置く。
4 弁当に入れる際には水分を切っておく。

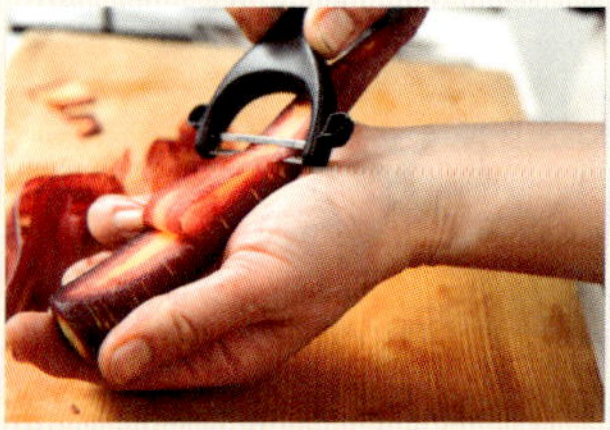
1

おかず36

アボカドれんこんバジル春巻

20分

チオベン春巻界の人気ナンバーワン、
アボカドとれんこんの名コンビ。

茶

緑

揚げる

とろーり

材料

2本分

アボカド…¼個
れんこん…2センチ厚縦半分
バジル…6～7枚
春巻の皮…4枚
塩…ひとつまみ
揚げ油…適量

作り方

1 アボカドを食べやすい大きさに切り、れんこんはシャリシャリした歯ごたえが残るよう1センチ角程度のサイズに切る。
2 ボウルに1を入れて塩をふり、手でまんべんなく和える。
3 春巻の皮に2をのせて、バジルを3～4枚程度のせて包む。二度巻き。
4 180℃の油に春巻を入れ、火加減を調整しながら10分くらい揚げる。
5 包丁で斜め半分にカットし、盛りつける。

3

コラム02

チオベンの調味料

チオベンの味付けは、基本的に家庭料理です。白いごはんが好きなので、ごはんをいっぱい食べられるような味付けのものがほとんどです。

味の根幹を担っているのが「米油」と「藻塩」。この二つは本当によく使っています。なぜ米油かというと、酸化しにくいから時間がたっても美味しいし、油を使っても胃にもたれない。チオベンの弁当は油が多いとは言われますが、胃にもたれるという声がほとんどないのは米油のおかげです。

「藻塩」。大好きです。いろんな種類がありますが、私は蒲刈物産の「海人の藻塩」が一番好きです。食べてみたらわかりますが、味が全然違う。初めて食べた時に衝撃を受けて、それからずっと使い続けています。チオベンの定番メニューのたこめしではもちろん、塩のうま味が引き立つ料理の時には、絶対に海人の藻塩を使います。

あとメーカーでこだわっているのは、原了郭の「黒七味」と木村九商店の「くらま山椒」。それ以外の調味料は、もちろんいい素材を使った調味料に越したことはありませんが、私が使うのはわりと普通にどこでも手に入るものです。

酢は、黒酢と千鳥酢。千鳥酢は米酢なんですが、普通のものよりもまろやかなのでツーンとした印象にならない。そこが好きです。

エスニック調味料も常備しています。バイマックルとレモングラスは必ず冷蔵庫にありますし、ナンプラーやシーズニングソースはごく普通の味付けにも使います。珍しいものだと、「ピンダルウペースト」。これはクミン、ターメリック、マスタード、フェネグリークが入ったインドの調味料です。「ナンプリックパオ」という干しえび・たまねぎ・にんにく・唐辛子が入ったタイの調味料も好きです。

タイやエスニックの調味料を使いつつも、基本的にはごはんに合う味に仕上げる、それがチオベンの特徴のひとつかもしれません。

1 「もち黒米」 はくばく
2 「キッコーマン うすくちしょうゆ」 キッコーマン
3 「太香胡麻油」 竹本油脂㈱
4 「米油」 ボーソー油脂㈱
5 「バランス ナムプラー」 アライドコーポレーション
6 「冠益オイスターソース」 東永商事㈱
7 「海人の藻塩」 蒲刈物産㈱
8 「鎮江香酢」 興南貿易㈱
9 「黒七味」 原了郭
10 「くらま山椒」 京都 味の顔見世㈱木村九商店
11 「スキッピー®ピーナッツバター・チャンク」 ホーメルフーズジャパン
12 「チャオコー ココナッツミルク」 協同食品㈱

お問い合わせ先

1 0120-089-890 www.hakubaku.co.jp/customer
2 0120-120-358 www.kikkoman.co.jp
3 0120-77-1150
4 0120-288-845 www.boso.co.jp
5 045-911-1811 allied-thai.co.jp
6 045-625-3658 toeitradingcoltd.com
7 0823-70-7021 www.moshio.co.jp
8 042-370-8881 www5.ocn.ne.jp/~konantrg
9 075-561-2732
10 075-231-6371 www.ajinokaomise.co.jp
11 03-4360-5341 www.peanutbutter.com
12 06-6315-6366

お弁当07

おにサンド

おにぎりとサンドイッチのお出かけ弁当

おかず37 ゆりねとカリフラワーのホワイトサンド…70ページ
おかず38 あじサンド…71ページ
おかず39 パルミジャーノとマーマレードのホットサンド…72ページ
おかず40 たまごやきおに…73ページ
おかず41 干し納豆のおにぎり…74ページ
おかず42 うまうまにぎり…75ページ

１００１本目の玉子焼き

料理は完全に独学で、教えてくれたのはすべて料理本だった。クックパッドとかももちろんない時代でレシピの数字がキラキラしていた時に料理を始めたので、完コピするのも楽しかった。

ひとつまみのために聞いたこともないスパイス（クミンやナツメグレベル）を、近くの商店に頼んでとってもらったりした、楽天ももちろんない時代。

弁当の数だけ玉子焼きがある。弁当１００個には玉子焼き１００個打ち返すのだ。といつもなぜか玉子焼きを１０００本ノックに喩える自分であります。玉子焼きに対してはいんげんを巻いたりチーズを入れたりのヴァリエーションを一切やらず、同じものを繰り返し作っていただきたい。

定番の玉子焼きを１０００本打ってみて１００１本目の玉子焼きを味わってみて、たぶん同じものを作っているつもりでももっと美味しいものができていると思います。バッチコイ。

「たまごやきおに」では、玉子焼き自体は定番のままで、おにぎりにしてごはんとのりと一緒に握ってみました。これひとつ入れるだけで優しくなつかしくほっとするお弁当になっていくと思います。

41
42
40
39
37
38

おかず37

ゆりねとカリフラワーのホワイトサンド

20分

サンドイッチ界のロバート・ライマン。
白の正方形の中に秘められた山の息吹。

白

ほっくり

材料　2人分

ゆりね…適量
カリフラワーペースト
※レシピは「カリフラワーのペースト」（23ページ）を使用
セルバチコ…適量
れんこん…薄切り2～3枚
白まいたけ…1/4株
オリーブオイル…少々
8枚切り食パン…2枚
塩…少々

作り方

1 れんこんを向こうの景色が透けるくらい薄く切って酢水にさらす。
2 ゆりねをほぐして1～2分下ゆでする。
3 白まいたけ、2をフライパンに入れて塩を少々。まいたけがほぐれ過ぎないようにソテーする。焼き色がついてきたら火を止める。
4 食パンにカリフラワーペーストをのせ、まいたけ、ゆりね、れんこん、セルバチコをのせてサンド。お好みの大きさに切って盛りつける。

3

4

おかず38

20分

あじサンド

ぷりっとした肉感の歯ごたえが楽しい、魚介系サンドイッチの新定番。

茶

黄

ぷりっ

材料　2人分

あじの干物…1尾
新たまねぎ…½個
マッシュルーム…1つ
りんご…⅛個
粒マスタード…大さじ1弱
わさび…小さじ½
マヨネーズ…大さじ1
8枚切り食パン…2枚

作り方

1 新たまねぎを縦半分に繊維にそって薄くスライスし、水にさらしておく。マッシュルーム、りんごも薄くスライスしておく。
2 あじの干物を焼いて、身をほぐす。
3 粒マスタード、わさび、マヨネーズとほぐしたあじを和える。
4 3をパンの上にのせ、水気を切った新たまねぎ、マッシュルーム、りんごをのせてサンド。食べやすい大きさに切って盛りつける。

3

4

おかず39

パルミジャーノとマーマレードのホットサンド

20分

冷めてもおいしいデザートサンド。

オレンジ

白

しっとり

材料　2人分

マーマレード…適量
パルミジャーノチーズ…適量
バター…お好きなだけ
8枚切り食パン…2枚

作り方

1 パンの上にマーマレード、パルミジャーノチーズ、バターをのせてサンドする。

2 ホットサンド焼き器にはさんで、焦がさないように火にかける。ホットサンドメーカーでも可。

3 焼けたら食べやすい大きさに切って盛りつける。

1

おかず40

たまごやきおに

20分

甘めの味付けがポイント。
見た目にもかわいらしいコロコロにぎり。

茶

黄

ふんわり

材料　8個分

卵…4個
だし汁…½カップ強
砂糖…大さじ2
藻塩…適量
白飯…8人分
のり…2枚

作り方

1 材料を混ぜて玉子焼きを焼き、8等分する。
2 ごはんに藻塩を混ぜておく。
3 ごはんを手のひらにのせてくぼみをつくり、その中に玉子焼きを入れて包むように握る。
4 のりを横から巻き付けてギュッと握り形を整える。

3

4

おかず41

干し納豆のおにぎり

05分

米と干し納豆の相互補完で
絶妙な水分バランスのおにぎりが完成。

茶

白

ねっとり

材料　1個分

生干し納豆…10～12粒程度
白飯…1個分
薄口醤油…少々
藻塩…ひとつまみ

作り方

1　ボウルに材料を混ぜてしゃもじで切るように合わせる。
2　丸く握る。

1

おかず36

05分

うまうまにぎり

一口食べればメニュー名の理由がわかります。「うまっ!」。

茶

ねっとり

2

材料

2個分

ハリハリ漬け（市販品）…適量
えのき…½株
醤油…少々
米油…大さじ½
白飯…2個分

作り方

1 ハリハリ漬けをみじん切りにする。えのきをざく切りにする。
2 熱したフライパンに米油をひいて、1を入れ、油になじんできたら醤油をたらす。
3 ボウルに白飯を入れて2を混ぜ合わせ、丸く握る。

お弁当08

ぎゅうとん

牛と豚がどーんとのったどんぶり弁当。
いろいろ混ぜてご賞味あれ

おかず43 牛たたき…78ページ

おかず44 青菜ナムル…79ページ

おかず45 チオベン風ラープ（肉サラダ）…80ページ

おかず46 バイリングのオーブン焼き…81ページ

おかず47 ふきのとうの素揚げ…82ページ

おかず48 冬瓜のビーツ煮…83ページ

ごはんを染みさす

丼物が好きだ。弁当も前日の天ぷらの残りを煮たものがのっている、明らかに手抜き丼弁でも喜んで食べた。

おかずとごはんの接触している部分が好きだ。少し乾いたごはんにおかずから出る煮汁がシミシミしているところが好きだ。ごはんとおかずを食べ最後にちょうどよく染みたごはんをひとくち残し食べる。

このあたりのこと話すと切りがないので東海林さだお先生にお任せするとして、以前「うまいごはんの会」というのをやったことがある。

何人かで集いごはんのお供はこれ、というのを持ち寄る会で、私はその時めかぶをたたいた時に出る「粘り」に醤油を混ぜたものを瓶に入れて持って行ったら、当たり前だがまったくスルーされた。今から考えるとなんでめかぶそのものを持って行かなかったんだろうと思うのだが、きっとよりごはんへの「染み感」をわかってもらいたかったんだと思う。

ずっとむかしに働いていたお店の賄いでデミグラスソース、ポテトサラダ、キャベツの千切りをごはんにのせてるものを食べていたら「デミグラスソースにポテトのマヨネーズとキャベツの水気が染みて薄まっている部分が美味しいんだよね」と同僚が嬉々として言った。

人には人の「染み」がある。

43
44
47
46
48
45

おかず43

15分

牛たたき

低温でじっくりと焼くのが
たれが染み込む秘訣。

茶

焼く

しっとり

前日に用意

材料

2人分

牛ステーキ肉……100グラム

漬けだれ

・醤油……大さじ2
・紹興酒……大さじ1
・ごま油……大さじ1
・砂糖……大さじ1
・おろしにんにく……小さじ1
・おろししょうが……小さじ½

ごま油……大さじ1

作り方

1 牛ステーキ肉の両面に1ミリ間隔で包丁を入れる。

2 漬けだれの材料を混ぜ、牛肉をひと晩漬け込む。

3 熱したフライパンにごま油を入れ、なじませ、余分な油をキッチンペーパーで拭き取る。

4 フライパンに牛を入れて中火から弱火、途中でひっくり返しながら7〜8分焼く。

5 中に少し赤みが残る程度で引き上げ、食べやすい大きさに切って盛りつける。

2

4

5

おかず44

青菜ナムル

10分

おろしにんにくとごま油の香りで、思わずご飯が進む副菜です。

緑

ゆでる

しっとり

材料

2人分

ちぢみほうれん草…½束
藻塩…ふたつまみ
薄口醤油…少々
ごま油…小さじ1弱
おろしにんにく…1片分
ごま…お好み

作り方

1 沸騰した鍋でちぢみほうれん草をゆでてざるに上げ、しっかり水気を切る。
2 1に藻塩をまぶし、薄口醤油、おろしにんにく、ごま油を入れて混ぜる。
3 ごまをお好みでふって盛りつける。

2

おかず45

チオベン風ラープ（肉サラダ）

30分

ひき肉にミントを散らしたタイ風サラダ。
しっとりホロホロとした食感がポイント。

茶

白

ゆでる

ホロホロ

材料

2人分

豚ひき肉…100グラム
日本酒…大さじ½
醤油…大さじ½
片栗粉…大さじ½
たまねぎ…¼個
レモン果汁…大さじ1
ナンプラー…大さじ½
ミント…お好み
もち米…大さじ1

作り方

1 豚ひき肉をボウルに入れ、日本酒、醤油、片栗粉を入れて混ぜる。
2 適当なサイズの団子を作り、鍋にお湯を張り、約20分ゆでる。その後、鍋から引き上げて水気を切る。
3 たまねぎを薄くスライスし、ミントを刻んで、ボウルにレモン果汁、ナンプラーを入れて混ぜ、団子を手で崩しながら入れる。
4 もち米をフライパンでいってフードプロセッサーで砕いておく。
5 3と4をからめて、ミントを飾って盛りつける。

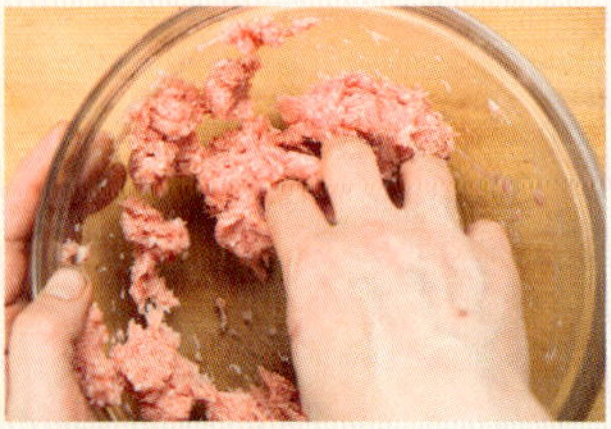
1

2

3

おかず46

30分

バイリングのオーブン焼き

大きめにちぎって
ぷりぷりした歯ごたえを楽しんで。

白

焼く

ぷりっ

材料

2人分

バイリング（はくれい茸）…1株
※なければエリンギでも可
オリーブオイル…大さじ1
タイム…2本
塩…少々

作り方

1 バイリングを手で食べやすい大きさにちぎり、塩、オリーブオイル、タイムの葉をちぎってボウルに入れ、手でマリネする。
2 230℃のオーブンで20分焼く。

2

おかず47

ふきのとうの素揚げ

20分

弁当の中のトリックスター！
他のおかずと一緒に食べてみて。

茶

揚げる

サクサク

材料

2人分

ふきのとう…お好み
片栗粉…適量
ふきのとうブルーチーズ味噌
・ふきのとう…100グラム
・麦味噌…50グラム
・ブルーチーズ…大さじ1
・はちみつ…大さじ1
・米油…大さじ1
※ふきのとうブルーチーズ味噌は他の料理でも応用
揚げ油…適量

作り方

1 ふきのとうブルーチーズ味噌を作る。
ふきのとうをみじん切りにして水気を切る。
2 熱したフライパンに米油を入れ、ふきのとうをさっと炒めてから、麦味噌を入れて炒める。
3 材料がなじんできたらはちみつを入れ焦げないように炒めて、ブルーチーズは手で砕いて加える。
4 揚げるふきのとうは余計な皮を取り除き、上半分の数枚を広げ、縦半分に切る。
5 4に片栗粉を付けて揚げる。
6 ボウルに3のふきのとうブルーチーズ味噌と5を入れて、さっと和える。

4

赤

煮る

しっとり

おかず48

冬瓜《とうがん》のビーツ煮

20分

ビーツの赤さで染まった冬瓜が弁当の可愛いアクセントに。

材料

2人分

冬瓜…厚さ1・5センチ、縦横5センチ角程度を数個
かつおだし…1カップ
塩…少々
すりおろしビーツ…小さじ½

作り方

1 冬瓜を型で抜く。
2 鍋にかつおだし、塩少々入れて煮る。
3 冬瓜に火が通ったらビーツを入れてひと煮立ちさせ、色がついたら完成。

1

チオベンの料理教室02

たこめし

チオベンの料理教室。今回取り上げるのはチオベンの定番ごはん「たこめし」です。生徒になっていただくのは、撮影の時にチオベンだとテンションが上がるというスタイリストの轟木節子さん。お米の炊き方、ぷりっぷりのたこを作る秘技などを教えてもらいました。

山本千織（以下、山本）　よろしくお願いします。今日は「たこめし」を作ります。

轟木節子（以下、轟木）　本当に楽しみにしてきました！　よろしくお願いします。このたこ、すごいですね。

山本　そうでしょ。生のたこは今はスーパーとかでも売っていると思うので、活けだことか、生たこって書いてあるのを使ってもらえればいいかなと。

轟木　いつも仕入れるお店は決まっているんですか？

山本　築地市場で行くお店はだいたい決まっています。「たこの女」って覚えられていると思います（笑）。

轟木　すごい！　これはたこのどの部分になるんですか？

山本　足の付け根の部分ですね。120グラム使います。じゃあ切っていきましょう。

轟木　はい。

山本　皮をむいて、だいたい2、3ミリくらいの厚さでそぐようにして切っていきます。そんなに厚くしない方が食感はいいです。

轟木　確かに、実際に入っているのは歯ごたえはあるけど、そんなに大きくないんですね。吸盤の部分も入れていいんですか？

山本　大丈夫です。北海道でやってた時には、まな板からたこが逃げていくんですよ。キッチンの台に這っていたり、あとは、しまおうと思ったらまな板ごと

【材料】（2合分）

活けだこ…120グラム
実山椒…適量
藻塩…小さじ¼
米油…大さじ1強
薄口醤油…小さじ½

【作り方】

1 たこの皮をむいて3ミリ程の厚さに切る。
2 ボウルに炊いた白米を入れ藻塩をふり、薄口醤油、山椒を入れて、しゃもじで切るように混ぜる。
3 中火で熱したフライパンに米油を入れ、1のたこを入れたらすぐにフライパンを火から離して火を止める。
4 たこに油が回ったら、フライパンの中身をすべて2のボウルの中へ入れて、しゃもじで切るように混ぜる。

持ち上がっちゃったり。

轟木　すごく新鮮！　それくらい元気なたこで作ったらおいしいでしょうね。

山本　そりゃあもう。では、ごはんを炊きます。２合分で作りましょうか。

轟木　お米を炊く時には何かコツはありますか？

山本　皆さんお好みの固さでいいと思うんですが、私はちょっと水分少なめで固めに炊いています。それは弁当にした時に、米同士がくっついてベタッとならないようにということなんですが。

轟木　それで冷めてもおいしいんだ。

山本　ところで、轟木さんがチオベンを初めて食べたのはいつですか？

轟木　２年くらい前ですね。ファッションカタログの撮影でお昼に。初めて食べる美味しさが詰まっていて、衝撃的でした。写真に撮ってあとで調べてみたら、「チオベン」じゃなくて「チヨベン」で検索をしていて出てこなかったんです。

山本　ありますね。そういうこと。その後、イベントに来てくれたんですよね。

轟木　表参道のユトレヒトで千織さんがお昼に弁当を作る「Oichio」というイベントがあったんです。その時はうれしくて、毎日通い詰めました（笑）。

山本　ほんとに毎日いらしてましたね。ありがとうございます。

轟木　その時に、じんわりじんわりたこめしの作り方を聞き出しまして。

山本　家でも作ってるんですよね？

轟木　はい！　でも細かくは聞かなかったので、完璧なたこめしを伝授していただこうと！

山本　ごはん炊けましたね。では続きをやりましょう。ボウルにごはんを入れて、まず、先に藻塩をごはんにふります。藻塩の量に関しては、小さじ¼くらいですかね、味見をしながら入れてください。そして、薄口醤油が小さじ½。

轟木　お醤油は薄口じゃないとダメなんですか？

山本　薄口ですね。ほんのり醤油の香りがつく程度、数滴ふるようなイメージです。あと、山椒はお好みで入れてください。私が使っている山椒はちょっと塩気があるので、塩とのバランスで小さじ1と½くらい。

轟木　山椒多めが好きで。なのでもうちょっとたくさん入れちゃおうかな。ああ、いい香り。これがたこめしの香りなんですね。お米を混ぜる時のポイントはありますか？

山本　しゃもじを縦にして、切るように混ぜる。酢めしを作るときと同じ要領で、米を練らないようにしてください。

轟木　なるほど。練らないのがポイントですね。はい、できあがりました。

山本　じゃあ一番大事なポイントのたこ、やりましょうか。米油を大さじ1強くらい中火で熱したフライパンに入れます。フライパンを熱し過ぎないようにしてくださいね。そこに、さっき切ったたこを入れます。入れたらすぐにフライパンを火から離して火を止める。

轟木　火を止めてしまうのがポイントですね。

山本　そうです。絶対に炒めないでください。たこは生でも食べられるものなので。これは、炒めているわけではないんです。水と油が混ざり合って「乳化」するようなイメージ。フライパンでたこを米油と合わせる時に、たこから一瞬水分が出るんです。それと油を混ぜて、米にからめていく。水分と油が混ざったものを米に入れたいんです。だから、たこには火が入らないようにしてください

ね。じゃあ、やってみましょう。
轟木　フライパンに米油をひきますね。まんべんなくのばした方がいいんですか？
山本　いや、大丈夫です。フライパンの真ん中で油が溜まっているところにたこを投入してください。
轟木　じゃあそろそろ入れますね。
山本　いい感じです。
轟木　たこ全体に油を回すような感じでいいですか？
山本　はい、大丈夫です。フライパンの油ごと米に入れてください。
轟木　おお！　いい匂いがしてきました。幸せです！　醤油の香りがふわっとするのもいいですね。

山本　おいしそうにできましたね。
轟木　お味見していいですか？
山本　どうぞ、どうぞ。轟木さんのすごくいい感じでした。もちろん生でも食べられますし、ごはんの余熱でもたこには十分火が入ります。
轟木　油でコーティングされるような感じになるんですね。たこがぷりっぷりになる。
山本　たこをそのまんま入れたら全然違うものになりますよ。
轟木　確かに。火が入っているのが最大のポイントなんですね。いやあ、初めて食べた時の衝撃は本当にすごかったんですよ。
山本　たこめしを見て「ああ、あのお弁当か」って覚えている人も結構いるみたいです。
轟木　ごはんがパラパラっとしているのもいい。最初は炊き込みごはんかと思ってたので、作り方を聞いて驚きました。
山本　でも作ってくれてるっていうのは、すごくうれしいです。
轟木　持ち寄りパーティの時にも作ります。調味料とたこを持って行って、ごはんは炊いておいてもらって現場で作るとすごく喜ばれますよ。けど、米を固く炊くのは知らなかったな。
山本　そうですね。あとはあんまりかき混ぜないのもコツです。轟木さん、家で作っていて、今回改めて発見はありましたか？
轟木　ありました！　油に通すことで乳化させるっていうのは初めて知りましたね。
山本　よかった。轟木さんには、撮影の時の弁当がいかに、午後の仕事のモチベーションになるかということを熱く語られたんですよね。初対面の時に。
轟木　本当にそうなんですよ。お弁当のおいしさで午後からの撮影のテンションがまったく違います。チオベン出てきた時の場の盛り上がりっていったら、もう。みんなの気分がいいと撮影の内容も変わります。
山本　それを聞いたときは、頑張らなきゃって思いましたよね。

轟木　蓋を開けた瞬間の「わぁぁ！」から始まり、仕切りなくきれいに詰められたお弁当、花弁を散らしてあることも。味もいつも「何が入っているのだろう？」という初めての味に出合える。いくつになっても、初めてに出合うとわくわくして、気持ちが活性化される気がします。また、いい仕事に触れた時は私もいい仕事がしたい！と。「いつもありがとう。チオベン」という感じです。

山本　それはすごくうれしい。撮影現場とかで働いている男性が満足して、仕事をしようって思える弁当にしたいんです。お昼からの仕事もできる感じにしてほしいなと思って。

轟木　やっぱりたこめしおいしいです。また、家で挑戦してみますね。ありがとうございました。

轟木節子（とどろき・せつこ）
スタイリスト。ファッション誌、カルチャー誌、広告などで幅広く活躍。フォトグラファーとしての活動も。日々のスタイリングのヒントが詰まった『毎日のナチュラルおしゃれ着こなし手帖』が発売中。

お弁当09

ベジ弁

野菜たっぷりの彩り豊かなお弁当

おかず49 揚げ野菜…90ページ

おかず50 板麩の甘辛揚げ煮…91ページ

おかず51 黒米ドレッシングのサラダ…92ページ

おかず52 たけのこ煮…93ページ

おかず53 ピンクグレープフルーツのココナッツマリネ…94ページ

おかず54 うどのふきのとうブルーチーズ味噌春巻…95ページ

野菜こそガッツリ系

私は生野菜、というか葉っぱのサラダをほとんど食べない。そのことについて考えてみた時があって、たぶん子供の頃家庭で生野菜がほとんど出てこなかったからだという結論に達した。うちの母はほんとうに料理が上手で、今でも私より上手にてきぱき、あっという間に料理を作る。私は何もしないで食べることが親孝行と思い、何もしない。

そんな母の野菜とは「おひたし」と「漬け物」と、かろうじて「砂糖とレモン汁が大量にかかったトマトの薄切り」だ。

大家族（兄弟5人と父母、祖母）の夕食には、大鉢にまずそれらがどーんとのって餃子やら煮物やらムニエルなどがじゃんじゃんどんどん出てきた。しかしすべて大量単位で、出てきた皿に生野菜のサラダがのっていた記憶はない。

ロケ弁の仕事をやっていると「ベジでお願いします」「マクロビを意識したもので」というオーダーが少なくない。厳密なものはきちんと話をさせてもらってからになるのだけど、意外に張り切って作っている。サラダをイメージしてオーダーしてくれてるんだろうなと思いつつ、わざとかというくらい火を入れて。

50
54
51
53
52
49

おかず49

揚げ野菜

20分

ヘルシーでオイリーな揚げ野菜に、春菊ペーストをからめて。

紫

緑

揚げる

ほっくり

材料

2人分

芽キャベツ…2個
紫にんじん…½本
白にんじん…½本
プレヴェール…2個
ゆで青豆…ひとつかみ
春菊ペースト…小さじ2
※レシピは17ページを参照
藻塩…適量
揚げ油…適量

作り方

1 紫にんじんは細乱切り、芽キャベツ、プレヴェールはくし切りにする。

2 野菜を固い野菜から順に素揚げにする。１６０℃くらいの温度でじっくり火を通す。十分火が通ったら油を切る。

3 2の野菜をボウルに移し、ゆで青豆を入れて藻塩をまぶす。

4 ボウルに春菊ペーストを入れて、野菜をつぶさないように指でさっくりと混ぜる。

1

4

おかず50

板麩の甘辛揚げ煮

20分

もっちもちでトロトロ。味がしっかり染み込んだ、ご飯に合うお麩《ふ》です。

茶

揚げる

煮る

ぷるぷる

しっとり

材料

3〜4人分

板麩…1本
だし汁…⅓カップ
砂糖…大さじ1
醤油…大さじ1
そばの実…適量
片栗粉…適量
揚げ油…適量

作り方

1 板麩は水に浸し1〜2時間置く。
2 戻した板麩の水を絞り、1センチ幅の輪切りにする。
3 水気を絞った板麩に片栗粉を薄く付け、180℃の油でカラッと素揚げする。
4 鍋にだし汁、砂糖、醤油を入れてひと煮立ちさせ、油を切った板麩を入れて20分ほど煮る。
5 煮汁が少なくなってきたらそばの実を入れてからめる。

3

5

おかず51

40分

黒米ドレッシングのサラダ

プチプチした黒米が野菜にからむ、主従逆転ドレッシング。

黒

緑

もちもち

5

材料　2人分

赤からし菜…適量
サラダほうれん草…適量
春菊…適量
サニーレタス…適量
米油…大さじ1弱
醤油…大さじ½
湯葉…大さじ1
とんぶり…30グラム
黒米おこわ
・黒米…200グラム
・もち米…200グラム
・紹興酒…大さじ2
・鶏ガラスープ…1と½カップ
・醤油…大さじ2
・ごま油…大さじ1

作り方

1 黒米おこわを作る。もち米はといでざるにあけ、黒米も浸水させて一緒にざるに上げておく。
2 鍋にごま油、1の米を入れて炒める。油になじんできたら紹興酒を入れる。香りが立ってきたら、鶏ガラスープと醤油を入れてなじませる。
3 2をそのまま炊飯器に入れておこわモードで炊く。
4 すべての葉ものを洗って、一口大にちぎり水をよく切っておく。
5 黒米おこわ70グラムをボウルに取り、米油と醤油、湯葉、とんぶりを入れて混ぜる。
6 ボウルの中で葉ものと5のドレッシングを手でなじませる。

おかず52

たけのこ煮

40分

だしがしっかりと染み込んださっぱりたけのこ。

茶

煮る

シャクシャク

材料

2人分

たけのこ…5センチ
かつおだし…レードル5杯
藻塩…ひとつまみ
薄口醤油…小さじ1

作り方

1 たけのこを下処理して、くし形に切る。
2 鍋にだし汁、藻塩、たけのこを入れる。
3 15分ほど煮て、そのまま冷ます。

3

おかず53

15分

ピンクグレープフルーツのココナッツマリネ

ココナッツミルクが
酸味をマイルドにします。

ピンク

白

材料　2人分

ピンクグレープフルーツ…½個
ココナッツミルク…大さじ3
ナンプラー…小さじ1弱
砂糖…大さじ½
ミント…適量

作り方

1 鍋にココナッツミルク、ナンプラー、砂糖を入れてひと煮立ちさせ、ミントの葉を手でちぎって混ぜて、火を止める。

2 グレープフルーツは皮をむいて、食べやすい大きさにカットする。

3 1にグレープフルーツを入れてマリネ。10分ほど漬けておく。

1

おかず54

30分

うどのふきのとうブルーチーズ味噌春巻

ひとクセある野菜同士が春巻の包容力で仲良くなる、春の味覚。

茶

白

揚げる

とろーり

材料

2本分

うど…5センチ
空豆…3つ
ふきのとうブルーチーズ味噌…大さじ2
※レシピは82ページを参照
春巻の皮…4枚
揚げ油…適量

作り方

1 うどは皮をむき、縦半分、横半分に切り空豆の皮をむく。
2 うどと空豆とふきのとうブルーチーズ味噌を和える。
3 春巻の皮で2のあんを包む。二度巻きする。
4 180℃の油に春巻を入れ、火加減を調整しながら10分くらい揚げる。
5 包丁で斜め半分にカットし、盛りつける。

2

3

コラム03

チオベンのスタイリング

弁当は枠です。ひとつの枠の中に、さまざまな色や形、質感を持った部品（おかず）を置いていく、そんな風に考えながら毎日弁当箱の中におかずを詰めています。味のぶつかり合いももちろんあるのだけれど、色や形、質感の組み合わせも重要なポイントです。絵を描くように、というと大げさですが、でもそんな感じです。

弁当の時には、ごはんが手前にあるなら左奥に山（メインのおかず）を作り、右の手前に重さ（もうひとつのメイン）を置きます。そして、山から重力に従って川が流れてきて、その下に町があるようなイメージで二点の間を埋めていきます。その時に、例えば麺類などの流れるおかずの横には固形のせき止めるおかずを置いたり、小かぶのヒゲをちょろっと出して重力を逃がしたり、最後にリズム感のある小さなおかずで引き締めたり。きっちり埋め過ぎないで、詰めと外しのバランスを取っていきます。そして、センターは春巻。

アルミカップやホイルなどで弁当の仕切りは作らない。チオベンではおかず同士が寄り添っているので、アクセントが欲しい時には葉っぱを使います。葉っぱの形も重要で、下に敷くのは丸くてかわいいわかめ菜をよく使います。飾りには尖った葉を使うのが好きで、春になるとうるいやぜんまいなどで飾ります。

色を考えるのは好きで、色探しは積極的にします。でも彩りのためのプチトマトやブロッコリーの組み合わせは、「ザ・弁当」になってしまうので避けるほうです。

好きな色は青系の紫や緑のバリエーションや、紫とピンク、黄色の組み合わせ。あとは、黒と白。素材違いの同系色（たとえば黒米ととんぶり）をうまく使えた時は、気分が上がります。

スタイリングで注意していることは「美味しそう」ということ。見た目にひっぱられないように味を確保して見た目と味の双方がいい意味で裏切ってくれるようにしたい。

あとは「盛ってる感」。かわいいけど大盛り！っていうのがいいのかな、と。

はじめはあしらいを真似したり、きれいな色を探したりして、そのうちに自分の詰め方ができてくると思います。

お弁当10

門外不出のもてなし弁当

刺身や生ものなどを使った、来客を迎える際に
用意したいとっておきの弁当です

おかず55 わたりがにとトマトの炒め煮…100ページ
おかず56 ゆりねのおこわ…101ページ
おかず57 あじ刺しの鮎と春菊の苦味ペースト和え…102ページ
おかず58 焼きなすとオクラの和え物…103ページ
おかず59 ライムゼリー…104ページ
おかず60 生々春巻…105ページ

「まいっか」というさじ加減

「まいっか」は我が家（山本家）の女の特徴で、特に母は子供たちにはいろいろ言ってくるが「まいっか」が服着て歩いているという人。小さい頃、茶の間の真ん中に大きな煙突ストーブがあって、ごはんが終わると姉妹で椅子をそのまわりに並べ、母がつくる「クレープ」を食べるのを楽しみにしていた。玉子焼き器をストーブにかけ、その中に粉と砂糖の混ざった玉子液を流して作った玉子焼きを、母は「クレープ」だと言って、私たちに食べさせた。学校で札幌に出た私は薄く三角形に折られた生クリーム入りのものが、「クレープ」として売られているのを見て愕然としたのを覚えている。

料理に関して「まいっか」は使い方で良くも悪くもだと思う。きちんと数字を追わなきゃならない部分と手を抜くことで、ぐっと日常に近づくレシピが出てくる。まさに「まいっか」というさじ加減。

えびジャンは中華の料理本を読んでいた時に出会ったレシピで、金華ハムや干し貝柱などの高級中華食材をすべて代用でまかなったら、手間をかけつつカジュアルにできあがった。

プロの手法を「まいっか」が家庭と結んでくれている。

59
58
57
55
56
60

おかず55

20分

わたりがにとトマトの炒め煮

ソースまですべてしゃぶり尽くしたい美味しさ、手づかみでどうぞ。

茶

赤

炒める

煮る

しっとり

材料　5〜6人分

わたりがに…3杯
トマト…2個
豆板醤…小さじ½
オリーブオイル…大さじ1
にんにく…1片
えびジャン
・干しえび…50グラム
・にんにく…2片
・しょうが…25グラム
・長ねぎ…120グラム
・カルパス（サラミ）…80グラム
・ボイル帆立の貝柱…250グラム
・干しえびの戻し汁…1と½カップ
・ごま油…大さじ1

2

作り方

1 えびジャンを作る。長ねぎ、干しえび、カルパス、しょうが、にんにくをすべてみじん切りにする。

2 鍋にごま油を入れ、にんにくとしょうがを炒め、香りが立ってきたら、長ねぎとカルパスを入れる。全体にしんなりしてきたら、ボイル帆立と干しえびの戻し汁を入れて水分がなくなるまで煮る。

3 鍋が焦げ付いてきたら、ごま油（分量外）をまわし入れ、焦げをはがしながら中身と混ぜ込んでいく。

4 できあがった3を、フードプロセッサーに移し、1分ほど回す。練りものにならないように注意する。

5 ワタリガニを¼くらいのサイズに切る。にんにくをみじん切り、トマトはざく切りにする。

6 中華鍋にオリーブオイルとにんにくを入れて香りを立たせ、かにを入れて火が通るまで炒める。

7 かにの身をバットにあけて、残った油の中に4のえびジャン大さじ2とトマトを入れ、豆板醤を加えて水分をとばすように炒める。

8 かにを中華鍋に戻し7とからめる。

おかず56

ゆりねのおこわ

120分

もっちりでほくほく、見た目通りの上品さ。

白

ほっくり

もちもち

材料

5〜6人分

ゆりね…1株
もち米…2合
うるち米…1合
日本酒…大さじ2
塩…小さじ1
昆布…3センチ

作り方

1 米を合わせてといで3合分の水に浸水し、1時間放置する。
2 日本酒、塩、昆布を入れて炊飯器のおこわモードで炊く。
3 ゆりねは根をくりぬき、ほぐしてよく洗い黒い部分を取り除く。
4 2の上に3をのせ、普通に炊く。

3

おかず57

あじ刺しの鮎と春菊の苦味ペースト和え

20分

おなじみ春菊ペーストに焼き鮎が
コクと香ばしさをプラスします。

赤

和える

ねっとり

材料　3〜4人分

生あじ…1尾
焼き鮎…1尾分
春菊ペースト…大さじ1
※レシピは17ページを参照
ゆずこしょう…少々

作り方

1 あじを3枚におろして小骨を抜き一口大に切る。（刺身になっているものを使っても可）

2 鮎を焼いて頭と中骨を取り除き、フードプロセッサーにかけ、春菊ペーストとゆずこしょうを入れて混ぜる。

3 1と2を適量和える。

1

3

おかず58

焼きなすとオクラの和え物

10分

チオベンのゴールデントライアングル、米油、藻塩、黒七味！

緑

焼く

シャキシャキ

材料

2人分

なす…1本
オクラ…1本
米油…大さじ1
黒七味…適量
藻塩…適量

作り方

1 なすを直火にかけて皮を焦がし、真っ黒くなってきたら氷水につけて皮をむき、水気を切る。
2 オクラをゆでて面取りし、一口大に切る。
3 ボウルになすとオクラを入れ、米油をなじませて、藻塩と黒七味で和える。

おかず59

ライムゼリー

40分

口直しに最適。爽やかゼリーの中にほんのり甘い黒豆の妙。

黄

黒

ぷるぷる

材料

10個分

ライム…5個
※ここでは黄色いライムを使用
ゼラチン…9グラム
水…大さじ3
グラニュー糖…75グラム
水…1カップ
黒豆煮…10粒

作り方

1 ゼラチンを水（分量外）でふやかす。
2 弱火の鍋にグラニュー糖と水を入れて溶かす。火を止めて、ゼラチンを手でちぎって入れる。
3 ライム5個分の果汁を搾り（約1カップ分）、中身をくりぬく。
4 鍋にライム果汁を入れて混ぜる。
5 ライムの皮をバットに並べ、黒豆をひとつずつ入れて4を流し込む。
6 冷蔵庫で約30分ほど冷やす。

5

おかず60

生々春巻

15分

すべてが「生」。
具材がとろとろに溶け合ったセクシーな春巻です。

白

ピンク

緑

ぷりっ

材料

2本分

甘えび…10尾
汲み上げ湯葉…大さじ2
ライスペーパー…2枚
セルバチコ…適量
米油…大さじ1
藻塩…ひとつまみ
薄口醤油…小さじ1
おろししょうが汁…大さじ1
揚げ油…適量

作り方

1 湯葉、米油、藻塩、薄口醤油、おろししょうが汁をボウルに入れ、手で混ぜる。
2 ライスペーパーを水に浸して戻す。
3 ライスペーパーの上にセルバチコ、1の半分、甘えび5尾ほどをのせて包む。
4 食べやすい大きさに切って盛りつける。

1

3

お弁当11

素材と色彩の包まれ弁当

すべての具材が包まれて、変化を遂げた変わり弁当です

おかず61　えびの空豆包み…108ページ

おかず62　ムール貝包み…109ページ

おかず63　おにぎりの野沢菜包み…110ページ

おかず64　赤パプリカのキャベツ包み…111ページ

おかず65　黒米おこわのみょうが包み…112ページ

おかず66　豚のたけのこ包み…113ページ

弁当に出る自分の人生を大事にする

去年『ももも中』で先生をやらせていただいた。『ももも中』は学校や家庭など身近なところにひそむ「これもデザインなの?」と言えることに着目して新しい発見や見方を生むきっかけになれば、ということがテーマの展示で、私は「弁当『も!』デザイン」ということで先生として講義をおこなったのです。

　生徒さんたちにそれぞれマイ・チオベンを作ってもらおうと、いつものチオベンのおかずと弁当箱を持って講義に臨んだ私ですが、目からうろこの講義になりました。私のおかずを使って作ってもらった弁当が、常日頃みなさんが作っている弁当になっているのです。その前にあれだけ詰め方について話していたのはなんだったんだ!? と無に帰する内容で、ある意味すがすがしくもありました。

　差し色について説明したのに茶色の弁当を作る人、仕切りを作らない詰め方を説明したにもかかわらずレタスでひとつずつカップを作って入れる人、逆に私の言ったことが雑音になってしまい迷い弁当になってしまった人。弁当に出るその人の生活や好みや作ってあげる相手への思いなどを目の当たりにしました。

　どうしようもなくその人の弁当になってしまう弁当。私はどんな弁当であれ心から愛します!

61
65
66
62
64
63

おかず61

20分

えびの空豆包み

空豆のふわふわとした皮に包まれて、蒸されてえびのうま味が増します。

緑

ピンク

蒸す

ぷりっ

材料　2本分

えびミンチ…30グラム
※「えびと里芋の春巻」（27ページ）のえびミンチを使用。
空豆…2本

作り方

1 鍋に湯を沸かし、空豆を2、3分ゆでる。
2 空豆の皮をむいて、豆を手で砕く。食感が残るくらい。
3 ボウルにえびミンチと空豆を入れて手で少し練るように混ぜる。
4 空豆の房の中に3を入れる。
5 ラップで巻いて蒸し器に入れ、約8分蒸す。

2

おかず62

ムール貝包み

20分

黒とピンクのコントラストに息をのむ。
ごはんのうまさは貝のだし。

黒

ピンク

もちもち

材料

2個分

ムール貝…2個
白飯…250グラム
ビーツ…20グラム
オリーブオイル…大さじ1
日本酒…大さじ1
塩・こしょう…各少々

作り方

1 ムール貝を酒蒸しにして塩こしょうをふっておく。
2 白飯をフライパンに入れ、オリーブオイル、1の汁を入れる。
3 みじん切りにしたビーツを2の中に入れて、汁を含ませていくように一緒に炒める。
4 ムール貝の中に赤く染まったごはんを入れて包む。

3

おかず63

おにぎりの野沢菜包み

05分

時間がたってもおいしく、彩りも美しいまんまるおにぎりです。

緑

シャキシャキ

材料　1個分

野沢菜漬け…½枚
白飯…食べたいだけ
塩…適量

作り方

1 手に塩を含ませ、白飯を丸く握る。
2 野沢菜をまな板の上に敷き、おにぎりを包んで握る。

1

おかず64

赤パプリカのキャベツ包み

20分

パプリカのムースがキャベツに包まれてトロトロに。

赤

緑

蒸す

ふんわり

材料

2個分

赤パプリカ…大1個
帆立貝柱…150グラム
卵白…½個分
生クリーム…大さじ4
キャベツ…数枚
塩…少々

作り方

1 赤パプリカを直火にかけて焦がして皮をむく。
2 フードプロセッサーに1、帆立、卵白、生クリームの順にかけていき、塩を入れて混ぜる。
3 鍋に湯を沸かしキャベツの葉をゆでる。
4 キャベツの葉の水を切り、2を大さじ1程度入れて包む。
5 ラップに包んで蒸し器で約8分程度蒸す。

4

おかず65

05分

黒米おこわのみょうが包み

みょうがの苦味とだしをたっぷり含んだ黒米は、かむごとに味が深まります。

緑

黒

シャキシャキ

材料　2人分

黒米おこわ…大さじ2

※レシピは92ページを参照

みょうが…2本

藻塩…大さじ½

昆布…1片

作り方

1 みょうがの上縦半分に切れ込みを入れ、藻塩と昆布を入れて重石をのせてひと晩漬けておく。

2 みょうがの中に、黒米おこわを大さじ1ずつはさみ包む。

1

おかず66

豚のたけのこ包み

30分

フィンガーフードにもなる、たけのこの皮包み。

茶

蒸す

しっとり

シャクシャク

材料

2本分

たけのこ…小1本
豚ひき肉…50グラム
日本酒…大さじ1
醤油…大さじ1
しょうが汁…1片分
片栗粉…大さじ3

作り方

1 たけのこの皮をむき、みじん切りにする。皮は後で使うのでとっておく。
2 ボウルにひき肉を入れ、日本酒、醤油、しょうが汁、1を加え、片栗粉を入れてよく混ぜる。
3 たけのこの皮で2を包む。
4 ラップをして蒸し器で約15分蒸す。

3

4

コラム04

節句のお弁当

「フラワースタイリストの平井かずみさんが開催する『しつらい教室』でお弁当を作りませんか？」と、会を主催するLepivotの小林一美さんからお話をいただき、節句に関連したお弁当をつくることになりました。味はもちろんですが、今回は見た目や節句の習わしや決まり事、それにまつわる話なども考えながら作ることを課しました。

【5月】『端午の節句』弁当

わかさぎ唐揚げ／空豆えび包み／菜の花おひたし／紫いもボール／カタクリの花など

一回目は端午の節句。わかさぎを鯉のぼりに見立て、空豆えび包みで吹き流しの華やかさを表して、紫いもボールとカタクリの花を菖蒲のイメージにしました。一食に足りるように、ボリュームのあるおかずを入れて無理せず作りました。固形のおかずで構成することで、ひとつひとつのかたちを食べてもらいます。

【7月】『七夕の節句』弁当

冬瓜のビーツ煮／黄トマト／黒大根／ばい貝黒米煮／大黒しめじ煮など

織姫と彦星のストーリーが盛り込まれた七夕弁当は、子供っぽくならないようにというのが自分のテーマでした。ビーツで色づけた冬瓜を織姫、黄色のトマトを彦星に見立て、星座を散らすように平坦に丸いものを並べてみました。そのままでは食べられないのですが、緑のこしょうの実がアクセントとして効いています。

【9月】『十五夜』弁当

豚ヒレのカリフラワーペーストはさみ揚げ／白玉饅頭／まいたけ天ぷら／小かぶ揚げ出し／ほおずきなど

小かぶを満月にして、あまり緑を入れずに秋らしい色で作った十五夜弁当。甘辛いひき肉あんを入れた白玉饅頭を、月見に欠かせないお団子にして、食用ほおずきをお供えします。詰め込むおかずをすべて固形で揃え、陰影をつけるように詰め込みます。

【10月】『菊の節句』弁当

菊のおひたし／春菊サラダ／菊入り春巻／柿の白和え／栗おこわなど

普段から使うことの多い食用菊。好きな紫と黄色の二色があります。最近はあまりお弁当の中で散らし過ぎは散漫になると、散らしても3、4枚と思って抑えていたのですが、今回は思いっきり散らしています。丸い弁当箱の縁に沿うように入れた、葉付き大根の揚げ出しがおもしろいリズムになっています。

【2月】『節分』弁当

いわしのえび芋はさみフライ／鯛のパッションフルーツソース／揚げにんじん／ビーツおこわの具合わせ／秘伝豆塩煮など

「魔を滅する」豆と、煙とにおいで邪気を追い払ういわし、取り入れる食べ物に無病息災の願いを込めている節分。やはりこの日の一食にはそれに沿った食材を使いました。ほかはあまり使わない赤系のものを赤鬼を意識して使ってみました。パッションフルーツの皮でおかずの仕切りを作りました。捨ててしまっている食材を使ったら自然な差し色となって楽しいお弁当になります。

5月

9月

7月

2月

10月

お弁当12

おかず直列！ ゴージャスチオ重

お祝いの席で振る舞いたい
目にも舌にもうれしい弁当です

おかず67 牛すね肉の杏露酒煮…118ページ

おかず68 菜の花の辛子和え…119ページ

おかず69 えびピンクペッパー炒め…120ページ

おかず70 白身魚の揚げ煮…121ページ

おかず71 いちじくケーキ…122ページ

おかず72 大根もち春巻…123ページ

そしていつかすべては胃袋の中へ消えて行くんだね

この仕事をして本当にいろいろなかたちで生活の中に弁当は存在するんだなと思います。

私は会社に弁当を持って行くとか、家庭で夫や子供に弁当を作るという環境にいたことがないので、弁当はもっぱら何かの機会に食べる側でした。代々木上原の人たちに食べてもらい始め、そのあと撮影現場の人たちに仕事中の一食として食べてもらうようになり、会社の会議や花見やプレゼントや楽屋見舞いやそんなかたちで食べてもらうことも多々あるようになりました。

食べる人の顔がわかるのとわからないのとでは、仕事で作っている私でもモチベーションが全然違います。タレントさんなどの場合はなるべく好き嫌いを調べます（主にとんねるずの「食わず嫌い王」のサイト）。きっとこの本を読んでくれる方も、毎朝決まった人に弁当を作っている方から勝負弁当を作る方までさまざまだと思います。

12番目にきた弁当は、顔のわかる何人かの人たちで囲み、取り分けしていただければと思っているものです。

お花見だったり誰かのお祝いだったり、楽しい席で笑いながら食べて、そしてまた何年後かの同じ季節に何かの拍子に弁当を交えた光景を少し思い出してくれたら、弁当冥利《みょうり》に尽きます。

67
68
69
70
71
72

おかず67

40分

牛すね肉の杏《シン》露《ル》酒《チュウ》煮

杏露酒の甘味と千鳥酢の酸味が牛すね肉を柔らかくしてくれます。

黒

煮る

とろーり

材料　3〜4人分

牛すね肉…400グラム
たまねぎ…1個半
杏露酒《シンルチュウ》…½カップ強
砂糖…大さじ4
オレンジジュース…大さじ2
千鳥酢…大さじ2
醤油…大さじ1
水…½カップ強
唐辛子…1本
サラダ油…大さじ1
塩・こしょう…各少々
きんかん…2つ

作り方

1 牛すね肉を一口大に切り、塩こしょうをふって置いておく。たまねぎは薄くスライスする。きんかんはスライスしておく。
2 熱した鍋にサラダ油を入れ、たまねぎを飴色になるまで炒める。
3 フライパンにサラダ油をひき、牛肉の表面を焼いて、焼き色がついたら2の鍋に入れる。
4 鍋に砂糖を入れて牛肉にからませる。甘い香りが立ってきたら、杏露酒、オレンジジュース、千鳥酢を入れ加熱。あくを取りながら煮ていき、水を少しずつ足す。
5 煮詰まる一歩手前くらいの段階で醤油を入れる。
6 煮汁が少なくなってきたらきんかんを入れ、きんかんに火を入れながら煮詰めていく。

6

おかず68

菜の花の辛子和え

05分

さっぱりした味が箸休めに最適。
春の彩りを添える一品です。

緑

和える

シャキシャキ

材料

3〜4人分

菜の花…1束
かつおだし…大さじ1
練り辛子…小さじ½
醤油…大さじ1

作り方

1 鍋に湯を沸騰させ菜の花をゆでる。
2 食べやすい大きさに切る。
3 かつおだし、練り辛子、醤油をボウルに入れ、菜の花と和えて5分ほど置く。

3

おかず69

えびピンクペッパー炒め

20分

ピンクペッパーの繊細な香りとえびの風味が口いっぱいに広がります。

茶

赤

炒める

ぷりっ

ピリッ

材料　3〜4人分

えび…10尾
ピンクペッパー…20粒
生フェンネル…適量
片栗粉…大さじ1
米油…大さじ1
日本酒…少々
ナンプラー…少々
シーズニングソース…少々
揚げ油…適量

作り方

1 えびの下処理をして片栗粉をまぶし、油通しする。

2 フライパンを熱し米油を入れ、えびを入れて、日本酒をふり、ピンクペッパー、フェンネルを手でちぎって入れ、ナンプラー、シーズニングソースで味を見ながら炒め、全体に味をなじませる。

2

おかず70

白身魚の揚げ煮

20分

プチプチしたとんぶりと白身魚がからみ合い、不思議な食感が生まれます。

茶

揚げる

煮る

しっとり

材料

2人分

鯛…1切れ
めんつゆ
・だし…大さじ6
・醤油…大さじ1
・みりん…大さじ1
片栗粉…適量
揚げ油…適量
とんぶり…お好きなだけ

作り方

1 鯛を一口大に切る。キッチンペーパーで水気を切って、片栗粉を付けてカラッと揚げる。
2 鍋にだし、醤油、みりんを入れてひと煮立ちさせ、とんぶりを入れて1を浸す。
3 弱火にかけ5分ほど煮る。

1

おかず71

いちじくケーキ

40分

しっとりとした味わいの一口ケーキ。
自然な甘味が特徴です。

茶

焼く

しっとり

材料

12個分

バター…160グラム
砂糖…80グラム
卵…1個
Ⓐ
・アーモンドパウダー…100グラム
・薄力粉…33グラム
・ベーキングパウダー…少々
いちじく…大1個

作り方

1 ボウルに砂糖と溶かしバターを入れて白くなるまで混ぜ、卵を溶いて入れる。
2 Ⓐを合わせてふるい、ボウルに入れてさっくり木べらで混ぜる。
3 バター（分量外）を塗った木型に入れて一口大に切ったいちじくを入れる。
4 140℃に熱したオーブンで25分焼く。

4

おかず72

大根もち春巻

20分

具材が口の中で混じり合い、大根もちが完成します。

茶

白

揚げる

もちもち

材料

2本分

大根…5ミリ厚の輪切り2~3枚
もち…½個
春巻の皮…4枚
えびジャン…大さじ2
※レシピは100ページを参照。市販品でも可
揚げ油…適量

作り方

1 大根をマッチ棒くらいの太さにせん切り、もちを1センチ角程度の大きさに切る。
2 春巻の皮にえびジャンを大さじ1、もち角切りを2個、大根のせん切りをのせて巻く。二度巻き。
3 180℃の油に春巻を入れ、火加減を調整しながら10分くらい揚げる。
4 包丁で斜め半分にカットし、盛りつける。

2

あとがき

ここにあるメニューのほとんどが札幌にある「ごはんや　はるや」でできあがったものです。

　はるやは私が12年間妹と働いていたお店で、「おかずとごはん、汁」という定食スタイルを看板にしながらもとても懐の深い店で、お客さんは、飲んでる人たちもいればひとりめしの人もいる、学生のとなりに老夫婦、近所の魚屋さんがいればその魚を道外から来て食べている人、黒板メニューを楽しみに酒を飲む人と何年間も同じものしか食べない常連さん。転勤して行く人は自分の代わりに赴任してくる人を連れてきて「ここでごはん食べとけばいいから」と紹介して去り、近所にあった医大に通っていた学生たちはお医者さんになって戻ってきても変わらず定食を遅くに食べにきた。

　その時々のすばらしいスタッフと北海道の食材に恵まれ私は毎日本当にすごく料理を作った。店自体は妹が切り盛りしてくれているので、なんにも考えないで毎日すごい量の食べ物を作っては出していた。

　そして12年たった時突然「12年ってひとまわりだよな」って思って、ひとり辞めて東京に来た。

　その「ごはんや　はるや」が２０１３年末にたくさんの人に惜しまれながら17年続いて閉じた。

　はるやで働いていたことでたくさんのものをもらった私が、東京で「chioben」を開きそして本にしてたくさんの人に届けられることが一番うれしいです。

最後に、弁当を売ることを勧めてくれてなおかつ自分のお店を無償で貸してくれチオベンのきっかけを作ってくれたＢａｒカームスのナオさん、弁当をすんなり受け入れてくれた代々木上原の人たち（チオベンという呼び方もお客さんが言い出した）、本当にありがとうございました。

そして私の「江口さんがプロデュースなら」のひとことですべての矢面に立ってもらい、自ら「調整くん」と名乗りやってくれた江口さん、身近で見ていてつくづくこの人たちがやってくれたからできたんだなと思ってしまった、すばらしいセンスとスピードのデザイナーの橋詰宗くんとライターの上條桂子さん、ありがとうございました。

いつまでもこの本が醤油のシミやくっついて開けなくなっちゃったページとともに台所の片隅にありますように。

２０１４年

「chioben」　山本千織

山本千織

料理人。札幌の「ごはんや はるや」ほかの料理店に20年以上関わる。上京後、2011年6月より東京、代々木上原で「chioben」を開業、お弁当の販売を始める。バラエティ豊かなおかずの色鮮やかなスタイリング、見た目と味とのおいしい意外性、そして定番の春巻とたこめしの安定感に、一度食べたら忘れられないファンが続出。雑誌やテレビの撮影現場の弁当や、スタジオでの料理ケータリング、パーティやレセプションのケータリングなど活動の場を広げている。

https://chioben.tumblr.com/

チオベン

見たことのない味 チオベンのお弁当

2014年3月31日 第一刷発行
2022年6月6日 第六刷発行

著者 山本千織
発行者 鉄尾周一
発行所 株式会社マガジンハウス
〒104-8003 東京都中央区銀座3-13-10
受注センター TEL：049-275-1811
書籍編集部 TEL：03-3545-7030
印刷・製本所 凸版印刷株式会社

ISBN978-4-8387-2652-3 C0095

マガジンハウスのホームページ
https://magazineworld.jp/

写真 内田紘倫（おかず）
小野田陽一（弁当・コラム）
橋詰宗（表紙）
装丁 橋詰宗
編集協力 上條桂子・江口宏志
撮影協力 黒田益男・朋子